Libra

Guía Definitiva para un Signo Zodiacal Fascinante

Tabla de Contenidos

Introducción

La mayoría de las personas en el mundo occidental están familiarizadas con el concepto de los signos del zodíaco y los horóscopos, aunque generalmente solo lo conocen de forma superficial. Este mismo hecho plantea la pregunta: "¿Por qué en esta sociedad sobrecargada de información, a la gente todavía le gusta leer sus horóscopos?". ¿Es por diversión, por curiosidad o por la creencia genuina de que los horóscopos importan?

Esta pequeña guía presenta a los lectores el fascinante mundo de la astrología y, en particular, el signo Libra. Al hacerlo, obtendrá una comprensión más profunda de los signos y lo que se encuentra dentro de los mensajes que lee en su periódico a diario. Cada capítulo profundiza en los rasgos, fortalezas, debilidades, trayectorias profesionales, relaciones y tendencias de Libra. Armado con esta información, un libra puede interactuar y comunicarse a un nivel más profundo con otros libra.

¿Qué es la Astrología?

La astrología se conoce como una pseudociencia. Esto significa que el estudio de la astrología se basa en creencias que se afirman que son tanto fácticas como científicas, pero que no se ajustan a la metodología científica. Por lo tanto, la astrología es percibida como sesgada, ya que no se puede probar de manera científica, pero partiendo de esta percepción moderna, sorprendentemente, la astrología ha existido desde el segundo milenio antes de Cristo. Sus raíces se pueden encontrar en la comunicación divina, lo que significa que las sociedades antiguas interpretaron los eventos terrestres y las relaciones humanas en términos de ciclos celestiales y sus sistemas de creencias.

Muchas sociedades se han imbuido de estas comunicaciones divinas y las han incorporado a sus culturas. La cultura hindú y china todavía predice eventos terrenales a partir de eventos celestiales. En el mundo occidental, las raíces de la astrología se remontan a Mesopotamia durante los siglos XIX y XVII a. C. Desde allí, llegó a la antigua Roma y Grecia, y al mundo árabe, donde finalmente se extendió a Europa central y occidental.

Muchos científicos insisten en que no hay una base científica para creer en la astrología y los horóscopos. Los astrólogos discrepan. Entonces, ¿quién está en lo cierto? Una vez más, no hay una respuesta real, ya que se puede decir que ambas creencias son correctas. La astrología fue percibida como la única "ciencia" en la historia occidental y se asoció con la alquimia, la meteorología y la astronomía.

Cuando el descubrimiento científico hizo su aparición en los siglos XVIII y XIX, los científicos del siglo XIX profesionalizaron la medicina y la metodología científica, desterrando a la astrología a los márgenes del conocimiento. Así, perdió su estatus en el mundo académico, pero a pesar de ello, las encuestas han demostrado que casi una cuarta parte de los británicos, canadienses y estadounidenses aún mantienen la creencia de que las estrellas determinan sus vidas y fortunas. Una encuesta realizada por la National Science Foundation reveló que casi el 50 por ciento de los encuestados creía que la astrología era científica o al menos "algo científica" (Baird, 2013).

La creencia de que los planetas y las estrellas pueden afectar la personalidad y el estado de ánimo de una persona e incluso su entorno se basa en el momento de nacimiento de la persona. Los horóscopos impresos en los periódicos hacen exactamente eso. Predicen cómo será el día de una persona en función de cuándo nació, o lo que es lo mismo, con qué signo zodiacal nació. Su objetivo es asesorar a las personas sobre cómo conducir su día y qué esperar. Aunque muchos se burlan de ello, es pura ciencia que las estaciones se crean dependiendo del lugar del sol en relación a la Tierra y que es la fuente de energía del planeta. Además, como la mayoría de nosotros sabemos, la luna influye en las mareas del océano. Pero, ¿es esto meteorología o astrología?

Otra pregunta es: ¿Influye la astrología en las personas y en sus vidas? La respuesta simple es sí. Al menos, nos hace sentir mejor cuando leemos nuestro horóscopo y promete cosas buenas o nos dice que algo bueno podría llegar a nuestras vidas. Es una respuesta muy humana. El cambio estacional afecta a cómo nos sentimos y, a veces, a cómo actuamos. Los cielos grises nos hacen sentir malhumorados, y los días soleados y claros nos dan energía.

Para aquellos de nosotros que valoramos la astrología y la usamos en nuestra vida cotidiana, leer los signos astrológicos es como ver lo que hay más allá del universo y comprender cómo los planetas y las estrellas se mueven en formas que se relacionan con la vida humana. El estudio de la astrología proporciona información que nos dice dónde estamos en el universo y cómo nuestras vidas están intrínsecamente vinculadas a la naturaleza y al universo.

Signos del Zodiaco

En esta introducción, es útil familiarizarlo con todos los signos del zodíaco antes de profundizar más en el signo de Libra. Puede volver a este apartado al comparar el signo de Libra con otros signos del zodíaco.

- Acuario - el signo del Agua - (20 de enero - 18 de febrero)
- Piscis - el Pez - (19 de febrero - 20 de marzo)
- Aries - el Carnero - (21 de marzo - 19 de abril)

- Tauro - el Toro - (20 de abril - 20 de mayo)
- Géminis - los Gemelos - (21 de mayo - 20 de junio)
- Cáncer - el Cangrejo - (21 de junio - 22 de julio)
- Leo - el León - (23 de julio al 22 de agosto)
- Virgo - la Doncella - (23 de agosto - 22 de septiembre)
- Libra – la Balanza- (23 de septiembre - 22 de octubre)
- Escorpio - el Escorpión - (23 de octubre - 21 de noviembre)
- Sagitario - el Arquero - (22 de noviembre - 21 de diciembre)
- Capricornio - la Cabra - (22 de diciembre al 19 de enero)

Lo Que Aprenderá

Este libro se divide en once partes. Cada capítulo le proporcionará una comprensión más profunda de Libra. El primer capítulo le presenta los conceptos básicos de la astrología del zodíaco, incluidas las casas, los elementos, los signos ascendentes y más. El segundo capítulo comenzará a describir a los libra para crear un perfil con el que pueda relacionarse tanto usted como el libra que tal vez conozca. El tercer capítulo examina las fortalezas y debilidades de libra y es una guía útil para entenderse a usted mismo y a otros libra con los que puede trabajar o compartir su vida.

En el Capítulo 4, se explora a la mujer libra. ¿Qué mueve a la mujer libra? ¿Cómo se relaciona con el mundo? El capítulo 5 explora al hombre libra y lo contrasta con la mujer libra. El capítulo 6 considera al niño libra. ¿Cómo debería crecer y prosperar con éxito el niño libra? El capítulo 7 es el capítulo central y examina a libra en el amor. Este capítulo analiza la compatibilidad con otros signos del zodíaco y explora cómo las personas libra se esfuerzan para hacer florecer sus relaciones.

Los capítulos 8 y 9 van más allá y profundizan en la personalidad de libra en el trabajo y en entornos sociales. El capítulo 10 es un homenaje a libra y analiza cómo algunas personas nacidas bajo este signo han cambiado el mundo. Completando nuestra investigación, el libro concluirá con un resumen de lo que los libra necesitan para prosperar en todos los aspectos de sus vidas.

Capítulo 1: Astrología para el Zodíaco

Antes de empezar con Libra, sería útil brindarle información sobre algunos elementos importantes para ayudarle a comprender mejor la astrología, especialmente en lo que respecta al signo Libra. Comenzaremos con los cuatro elementos.

Los Cuatro Elementos

Hay 12 signos del zodíaco, y estos se dividen en tres grupos de cuatro. Cada grupo es un elemento (fuego, agua, aire y tierra) y cada uno tiene sus propios rasgos. En conjunto, estos grupos son el mundo natural, por lo que no es sorprendente que todos dependan unos de otros.

Fuego – Aries, Leo, Sagitario

Tierra – Tauro, Virgo, Capricornio

Aire – Géminis, Libra, Acuario

Agua – Cáncer, Escorpio, Piscis

Fuego

Como era de esperar, este es un elemento dinámico, apasionado y temperamental. El fuego puede hacer dos cosas: mantenerle caliente o destruir cualquier cosa a su paso. Y aunque se consume rápidamente, sus cenizas pueden reabastecer su energía. Los signos de fuego deben ser tratados con cuidado, ya que una chispa puede causar gran destrucción.

Aire

La naturaleza de los signos de aire son el movimiento, las ideas y la acción, los "vientos de cambio" por así decirlo. Hay quien es un cabeza hueca, pero también hay quien posee una poderosa personalidad con fuerza G que desafía a la gravedad. Los signos de aire aportan cierta frescura y usted debe estar preparado para la posibilidad de ser barrido por uno.

Tierra

Estos son signos bien asentados, los que tienen la cabeza en su sitio y hacen que todos los demás vuelvan a poner los pies en la tierra. Son estables y leales, permanecen junto a sus amigos y familiares pase lo que pase. Son personas prácticas, pero pueden ser algo materialistas, centrándose en la superficie y no en lo que hay debajo.

Agua

Los signos de agua son sensibles, emocionales e intuitivos. Son profundos, a veces refrescantes, a veces te ahogan en sus profundidades. Suelen soñar intensamente y con una experiencia e intuición que a veces roza lo psíquico. Una de las cosas más importantes para ellos es la seguridad. Quítesela y se secarán.

Cualidades de la Astrología

La única forma de comprender los signos del zodíaco es comprender las tres cualidades de la astrología:

- **Cardinal** –iniciadores
- **Fija** –hacedores
- **Mutable** –finalizadores

Cada uno tiene sus propias fortalezas, debilidades y características definitorias que ejercen influencia sobre sus respectivos signos.

Hay cuatro signos del zodíaco para cada cualidad, y cada signo se asigna a un cuadrante del zodíaco. Las cualidades se combinan con un solo signo de cada elemento, por lo que, por ejemplo, hay un signo fijo de agua, tierra, aire y fuego.

Como los elementos agrupan signos específicos, indicando rasgos y comportamientos, las cualidades también agrupan signos específicos, destacando los rasgos y comportamientos comunes que comparten. Cada persona tiene un papel que desempeñar en la vida: algunos son iniciadores, otros ponen el trabajo duro y otros son los finalizadores. Conocer la relación entre los signos y las cualidades le ayuda a identificar qué papel desempeña en la vida.

En la rueda del zodíaco occidental, los signos opuestos comparten una cualidad. Entonces, si bien estos signos pueden ser opuestos entre sí, hay ciertas características que comparten.

Signos Cardinales – Aries, Cáncer, Libra, Capricornio

Los cardinales son los iniciadores, los que hacen que las cosas se muevan. Esta cualidad representa nuevos comienzos y energía, y estos signos son líderes natos, con el instinto para generar ideas fantásticas. Son competitivos, generalmente los primeros en proponer una tendencia, y marcan la ruta que siguen todos los demás.

Signos Fijos – Tauro, Leo, Escorpio, Acuario

Los signos fijos son los cimientos de la sociedad, los constructores. Toman las ideas que se les ocurren a los signos cardinales y las llevan a cabo, creando algo a partir de la idea. Son fiables, hacen lo que se debe hacer, son creativos y lo llevan todo hasta el final.

Signos Mutables – Géminis, Virgo, Sagitario, Piscis

Los signos mutables son los finalizadores, los que terminan lo que comienzan los signos cardinales y fijos. Son adaptables, van con la corriente, analizan una situación antes de decidir su curso de acción. Prosperan independientemente de la situación, y tienen la mente abierta. Los signos mutables son aventureros y desinteresados, adaptándose a las cualidades de quienes los rodean.

Las 12 Casas

Si sabe algo sobre astrología y signos, habrá oído hablar de las Casas. Cada asteroide, planeta o punto celestial se encuentra dentro de una casa específica, lo que indica información valiosa sobre su personalidad, su pasado, presente y futuro. A medida que los planetas hacen su viaje a través de estos dominios, desencadenan eventos emocionales y tangibles. Son estas Casas las que hacen que la astrología sea tan asombrosa.

¿Qué Son Las 12 Casas?

Toda carta natal se divide en 12 secciones: las 12 casas, pero las casas se diferencian de la rueda del zodíaco en que esta se basa en la rotación anual del Sol, mientras que la primera se basa en la rotación de 24 horas de la Tierra alrededor de su eje.

Debido a que las Casas rotan sin parar las 24 horas del día, es fundamental que su carta de nacimiento se calcule utilizando su hora exacta de nacimiento. Cada cuatro minutos, las Casas también se mueven, por lo que incluso si nació el mismo día que su mejor amigo, ambos tendrán cartas muy diferentes, a menos que hayan nacido con cuatro minutos de diferencia entre sí evidentemente.

La 1ª Casa

La primera Casa es la determinante Casa del Ser. Es su casa definitoria, que representa su cuerpo, su apariencia y su temperamento. Se centra en sus capacidades mentales, su resistencia, fuerza, etc. A menudo se pasa por alto, pero esta Casa es la responsable de las debilidades de un individuo.

La 2ª Casa

Esta Casa se ocupa de las necesidades que surgen de la primera Casa. Representa riqueza, finanzas personales, el concepto de valor y posesiones materiales. Estas, como muchos estarán de acuerdo, son las necesidades básicas de la mayoría de las personas en los tiempos modernos y antiguos.

La 3ª Casa

Esta Casa rige la comunicación, la comunidad y el transporte. Así como las Casas 1 y 2 tratan específicamente sobre el cuerpo, esta Casa se centra en la mente,

La 4ª Casa

La cuarta Casa gira en torno al hogar, la familia y todo lo que une a una persona a un lugar. Es la Casa la que se centra en la pertenencia, inculcando ese sentido en cada persona. Puede ser con su hogar real o en algún otro lugar que sientan como su hogar.

La 5ª Casa

Todos somos niños por dentro y a algunos de nosotros nos gusta dejar salir a nuestro niño interior más que a otros. La quinta Casa se centra en ese niño interior, en cualquier actividad que nos parezca placentera, incluidas aquellas que recordamos y amamos de cuando éramos niños.

La 6ª Casa

Esta es la Casa responsable de nuestra salud y bienestar. Eso incluye la mente y el cuerpo, y la atención se centra en la satisfacción y la nutrición. Esta Casa también se ocupa de los horarios y la gestión del día a día, ayudándonos a lidiar con la estructura, la organización y el establecimiento de horarios.

La 7ª Casa

La séptima Casa tiene que ver con los asuntos externos en nuestras vidas, el concepto de perspectiva. Se trata de cosas que están fuera de nuestro control y cosas que suceden debido a algo que hizo otra persona. Debido a que esto significa observar sus acciones y a usted mismo personificando el mundo externo, también cubre las relaciones y el matrimonio; a veces se le llama la Casa del matrimonio y su lema se puede traducir a El Cónyuge.

La 8ª Casa

Casi todos los signos del zodíaco odian esta Casa. ¿Por qué? Porque representa todo aquello de lo que queremos huir, evitar. Esto incluye las limitaciones de la vida, los tabúes que de otra manera deberíamos poder disfrutar, los miedos que nos impiden alcanzar nuestras metas. También se la conoce como la Casa Encantada, que representa el sexo, la muerte y la transformación, y una inclinación por lo sobrenatural y lo oculto.

La 9ª Casa

El lema de esta Casa se traduce como Viaje o Camino y eso la convierte en la Casa de los viajes, la exploración, las opiniones y la perspectiva. Esta Casa es responsable de todas las preguntas que hemos hecho, de cada filosofía de vida, porque permite que nuestra mente divague, cuestione todo y haga preguntas nunca antes formuladas.

La 10ª Casa

Esta Casa representa todo aquello de lo que no podemos dejar de hablar. A menudo, cuando hablamos de nuestras vidas con otros, nos obsesionamos con las mismas cosas: el clima, el trabajo, aquello en lo que tuvimos éxito o fracasamos, la vida hogareña, etc. Todo eso se debe a la Casa número diez. Es responsable de la imagen pública, los logros y las aspiraciones profesionales.

La 11ª Casa

La undécima Casa es la Casa de la Amistad, pero también nos permite profundizar más para interactuar y tratar de hacernos amigos de nuestro ser interior. Esto nos ayuda a aceptar nuestra existencia y nos ayuda a seguir adelante. Esta es también una casa donde viven la innovación y la tecnología, lo que a menudo resulta en el nacimiento de ideas revolucionarias.

La 12ª Casa

La casa final se llama Casa de la Autodestrucción. Gobierna todo lo que no tiene forma física: secretos, sueños y emociones. Es una Casa que puede convertir tu vida en una prisión, una Casa que contiene todos los obstáculos que debemos superar en el camino que elegimos en la vida.

Astrología y Ascendente

El ascendente o sol naciente es uno de los elementos más críticos de nuestras cartas, ya que indica qué signo se elevó en el horizonte oriental en el momento en el que nacimos. Revela las impresiones que da a los demás, lo que perciben de usted en función de su comportamiento. También le proporciona todo lo que necesita para aprender cómo debe comportarse para aprovechar al máximo lo que le brinda su signo astrológico.

Su ascendente se asegurará de que sepa lo que los demás piensan de usted y cómo le ven. Eso significa que también sabrá cómo comportarse y cómo debe comunicarse con los demás.

Su signo astrológico también se conoce como su signo solar o signo del Sol. Esto indica dónde estaba el Sol en su momento de nacimiento y revelará sus rasgos más profundos en términos de personalidad. En el otro lado de la moneda está su signo lunar, que indica dónde estaba la Luna durante su nacimiento. Es mucho más profundo que su signo solar, ya que revela su verdadero yo interior, la persona que sabe que es. Su signo lunar refleja sus miedos internos, sus anhelos y emociones, y todas las obsesiones que bullen bajo la superficie de la personalidad que le proporciona su signo solar. Se trata de sus ansiedades y motivaciones y tiene un impacto significativo en sus relaciones, cómo se vincula con los demás y cómo se siente acerca de cualquier cosa.

Decanatos de Libra

¿Alguna vez se ha preguntado por qué dos personas que comparten el mismo signo del zodíaco son tan diferentes entre sí? Todos conocemos a otra persona que comparte nuestro signo del zodíaco y es lo contrario de lo que somos, pero, si bien puede ser una pregunta simple, la respuesta es un poco más compleja. Los signos del zodíaco por sí solos no dictan la naturaleza de una persona. Eso requiere toda la carta natal.

Los antiguos astrólogos ya lo sabían y por eso dividieron cada signo del zodíaco. La astrología moderna ha ido varios pasos más allá. Los signos del zodíaco se dividen por sus cualidades, elementos, expresión negativa (femenino) y expresión positiva (masculino). Otro método utilizado para dividir signos y determinar la gobernanza es utilizar las triplicidades en una división conocida como decanatos.

Sin embargo, ¿deberíamos saber cuáles son? ¿Son importantes? A veces, sí, lo son porque pueden contarle toda la historia. Para comprender más sobre un signo del zodíaco en particular, comprender los gobernantes y los decanatos es importante y efectivo con la astrología predictiva.

El decanato del Sol naciente está gobernado, y ese gobernante influye en toda la vida, por el momento, especialmente si el planeta está en una posición fuerte en la carta natal y cualquier aspecto de la vida está gobernado por ese gobernante. Tiene sentido, ¿no?

Cada signo del zodíaco gobierna una parte de la carta natal, 30 grados, para ser precisos. Tenemos 12 signos del zodíaco, cada uno de los cuales gobierna 30 grados, que componen la carta natal completa de 360 grados. Cada signo del zodíaco se divide en tres divisiones más, cada una de 10 grados. Hay tres decanatos para cada signo, uno para cada división de 10 grados, y cada decanato tiene su propia regla. Ese gobernante se convierte en el sub-gobernante del signo. Una vez que comprenda las triplicidades (fuego, tierra, aire y agua) puede determinar cada sub-gobernante del decanato.

El decanato de cada signo comparte una triplicidad con el signo del zodíaco en el mismo orden en que aparecen en el zodíaco. Entonces, por ejemplo, el primer decanato de Aries es Aries y Marte lo gobierna. Leo es el segundo decanato y el Sol lo gobierna. Eso significa que el Sol gobierna el segundo decanato de Aries. Aquí, para ayudarle, están los tres decanatos de Libra:

Libra del primer Decanato: del 23 de septiembre al 3 de octubre. 0 ° a 10 °. Gobernante - Venus.

El primer decanato, gobernado por Venus, produce a los amantes de la paz de todo el zodíaco. Estas son personas que necesitan las mejores cosas de la vida y conocen cualquier relación imaginable entre ellos y sus semejantes, mujeres y hombres. Pero, a pesar de estar muy orientados hacia los demás, pueden ser pendencieros y desequilibrados, y uno de sus mayores dilemas es hasta qué punto confían en los demás y cuándo deben hacerlo solos.

Libra del segundo decanato: del 4 al 13 de octubre. 10 ° a 20 °. Gobernante - Urano

El segundo decanato de Libra es Acuario y, con los rayos de Saturno y Urano, a menudo se les llama los "libras más profundos". Se sumergen en cómo funciona la mente humana y les encanta todo lo que tenga que ver con la interacción social. De manera abstracta, a menudo pueden gravitar hacia un conocimiento superior y, en un sentido romántico, pueden resultar algo paradójicos. Quieren la relación perfecta donde ambas partes lo comparten todo, pero necesitan más soledad y espacio de lo que podrían haber imaginado.

Libra del Tercer Decanato: del 14 al 23 de octubre. 10 ° a 30 °. Gobernante - Mercurio

Este decanato tiene rayos de Mercurio y es el libra inquieto. Su polaridad y ambivalencia naturales, especialmente en temas de romance, quedan revelados aquí. Estos libra pueden pasar toda su vida buscando la relación perfecta. Se les dan bien las personas y son lógicos e intuitivos, lo que hace de este un decanato versátil. Les resulta fácil engatusar a la gente y sienten el deseo de comunicarse más que cualquier otro signo.

Cúspides de Libra

Aparte de preguntarse por qué dos personas de un signo pueden actuar de manera diferente, algunas personas también sienten que sus rasgos son una combinación de dos signos del zodíaco. Algunos signos nacen en la cúspide con rasgos de dos signos, por ejemplo, es posible que haya nacido como libra, pero también siente que tiene rasgos de escorpio. Cuando nace al final o al comienzo de un signo, es confuso saber dónde encaja.

Cuando una persona nace a los pocos días de que el Sol pase de un signo al siguiente, se la clasifica como nacida en la cúspide y sus rasgos están influenciados por ambos signos. Pero para evitar confusiones sobre qué signo del zodíaco es, solo puede nacer bajo un signo solar: su signo oficial del zodíaco. Entonces, si nació en los últimos días de un signo, ese es su zodíaco; no puede ser libra y escorpio, por ejemplo.

Si bien la cúspide es algo confusa, no significa que sea algo malo. Es cierto que puede sentirse como una carga tener los rasgos de dos signos solares, pero también puede ser una bendición. Si bien puede heredar rasgos negativos de su segundo signo, también puede beneficiarse de los positivos, y eso le abre un mundo completamente nuevo de posibilidades.

Hay dos posibles cúspides de Libra: Virgo-Libra y Libra-Escorpio. Esto es lo que puede significar para sus características y rasgos de personalidad.

Virgo-Libra

Fechas: 19 de septiembre - 25 de septiembre

Nombre: Cúspide de la Belleza

Si su fecha de nacimiento es entre el 19 y el 25 de septiembre, está en la cúspide Virgo-Libra. Desde su lado de Libra, tiene esa naturaleza indecisa a la vez que recibe una naturaleza cerrada de Virgo. Esta combinación hace que sea difícil establecer una relación estable. Pero la naturaleza analítica de Virgo se combina con la naturaleza afectuosa de Libra, lo que garantiza que, cuando se establezca, no necesite palabras para saber lo que su pareja quiere o necesita.

Libra-Escorpio

Fechas: 19 de octubre - 25 de octubre

Nombre: Cúspide del Drama

Los nacidos entre el 19 y el 25 de octubre son las cúspides de Libra-Escorpio. Normalmente, la naturaleza indecisa de Libra le impediría tomar decisiones rápidas, pero agregando la capacidad de Escorpio para ser muy preciso, eso deja de ser un problema. El encanto de Libra se conserva, pero debe combinarlo con la naturaleza típicamente cínica de Escorpio.

Capítulo 2: Conociendo a Libra

El signo zodiacal de Libra es la balanza (que significa equilibrio). El símbolo de la balanza tiene sus raíces en la balanza de la justicia, que Themis, la diosa griega de la ley divina, sostenía en alto como símbolo de la justicia. Así, incluso hoy en día, la imagen de la Dama de la Justicia puede verse dondequiera que se cumpla el estado de derecho. Se encuentra en la constelación de Libra y su elemento es el aire. Gobernado por Venus, la cualidad de Libra es cardinal. Esto significa que Libra pertenece a los cuatro signos más importantes (Capricornio, Libra, Aries y Cáncer). Son importantes porque se encuentran en el punto de inflexión de un leve cambio estacional. Como séptimo signo astrológico representado en el zodíaco, la transición del sol a través de este signo ocurre alrededor del equinoccio de septiembre (23) y el 22 de octubre. A diferencia de las otras once constelaciones del zodíaco, que están representadas por personajes mitológicos y animales, Libra está representada por la balanza, un objeto inanimado.

El Símbolo de Libra: El signo de la balanza representa la armonía y el equilibrio. Se dice que los nacidos bajo el signo de Libra tienen rasgos como la justicia y la igualdad. Libra está asociado con el romance, con Venus como su gobernante. En la mitología Venus es la diosa del amor. Cada signo del zodíaco tiene un diseño estándar reconocido por la mayoría de las personas que siguen sus horóscopos o estudian astrología, pero al igual que con los otros once signos, el símbolo de Libra es modificado y re-imaginado por quien recrea la imagen. A veces, la balanza se representa como un glifo (un dibujo lineal). En otras ocasiones, se representa como una elaborada balanza de la justicia.

Libra, el Signo de Aire: Libra, Acuario y Géminis son todos signos de aire. Se puede considerar que las personas nacidas bajo estos tres signos tienen la capacidad de mantener la ecuanimidad cuando se enfrentan a la mayoría de situaciones, de ser racionales y tranquilas cuando se enfrentan a circunstancias difíciles. Mientras que en la mitología griega, Themis se asocia con la balanza de la justicia, en la mitología romana, este honor pertenece a la diosa Justitia. Marco Manilio, poeta y residente de la antigua Roma, sugirió que los jueces romanos nacieron bajo el signo zodiacal de Libra. La antigua Roma tiene muchas asociaciones con Libra. Por ejemplo, se creía que cuando Roma se fundó, la luna estaba en Libra, lo cual significó que "la ciudad eterna" fue fundada sobre justicia y equilibrio. Los romanos explicaron esto al señalar que las horas de la noche coincidían con las horas del día, demostrando equilibrio. En la antigua Grecia, se creía que Escorpio, Virgo y Libra estaban intrínsecamente vinculados y que formaban una "garra" en el cielo, que se puede identificar como las estrellas que componen la constelación de Libra.

Planeta Gobernante: Venus. Venus, la diosa del amor, gobierna Libra y es conocida como el planeta de la belleza. Venus también gobierna a Tauro. En la mitología antigua, el planeta Venus es la influencia más fuerte de todos los cuerpos celestes. Los nacidos bajo la influencia de Venus son buscadores de justicia, luchan por la armonía en sus relaciones sociales e íntimas y poseen encanto y belleza. Venus también influye en el arte, la literatura y la música. Los nacidos bajo el signo de Libra amarán la música y el arte. Las personas gobernadas por Venus buscarán consuelo en su entorno y en aquellos a quienes cuidan. Felices en la vida doméstica, los Libra son leales y sus amistades tienden a durar toda la vida. En cambio, en el lado negativo, ya que Venus influye en la armonía, libra evita los conflictos en lugar de resolverlos. Demasiado emocional, libra puede resultar herido incluso por el menor desaire y cavilar excesivamente sobre discusiones pasadas.

Los libra son personas complejas debido a su búsqueda del equilibrio en sus vidas. Propensos al letargo un momento y a la hiperactividad al siguiente, los libra pueden verse como paradójicos. Es cierto que libra valora los atributos físicos por encima de cómo es una persona por dentro, pero una vez comprometido con una amistad o relación amorosa, los libra se mantendrán fieles, a veces hasta un poco posesivos. No dependa demasiado de un libra en caso de emergencia. Titubean, incluso ante un peligro real. El planeta regente de Libra, Venus, domina los procesos de toma de decisiones. Incluso cuando se enfrenta a un peligro inminente, libra se pondrá a sopesar las posibilidades aun cuando la necesidad de actuar les esté mirando a la cara.

Nacer bajo la influencia del planeta Venus hace que los libra sean amantes de la vida lujosa. Tienen gustos exquisitos y adoran los actos públicos y las fiestas elegantes. Algunos dicen que los libra odian estar solos, y que es estando rodeados de cosas agradables, cómodas y lujosas, como la decoración y la buena comida, cuando son felices. Venus no es un planeta jactancioso, por lo que los libra rara vez se jactan o actúan de forma superior a los demás. Esto se debe a que Venus representa la sensualidad y la feminidad, lo que hace que libra sea atractivo para los demás. En la mitología griega, este planeta también está asociado con la diosa Afrodita. Venus también es probablemente el planeta más antiguo conocido del universo. Es el más brillante, a excepción de la luna y el sol, a veces llamado la Joya en el Cielo.

Colores: Los colores de Libra son el azul pálido y el rosa claro: colores aireados que aportan calma al alma de libra. Símbolo de fresca suavidad, estos colores representan equilibrio y claridad, que recuerdan al encanto, la dulzura y la naturaleza agradable de libra. Libra, que nunca es una persona llamativa, prefiere la armonía en sus colores, así que busque tonos como el rosa, el bronce y el blanco cuando combine colores para decoración y moda. Los colores llamativos tienden a no impresionar a libra, pero aprueban el negro como una apariencia clásica y elegante. Cuando se requiere energía, un libra opta por el rosa, ya que este color le carga las pilas.

Cuando el libra necesita mostrar dominio y poder, como en el lugar de trabajo o cuando intenta atraer a una pareja en una primera cita, el rosa le proporciona la energía necesaria. Para la buena suerte, libra elegirá el azul. Si bien la preferencia de libra es por los azules suaves, cualquier tono de azul trae buena suerte al usuario. Por lo tanto, el azul es el tono a elegir cuando se busca un nuevo trabajo o un ascenso. Aquellos que conocen bien a libra, sabrán que el blanco también es un tono que usan a menudo en la moda y la decoración.

Si es usted libra, pruebe estos colores y observe cómo le funcionan. Pruebe por ejemplo a vestir prendas blancas. Aunque no siempre es un color práctico, alguien que viste de blanco nunca pasa desapercibido y usado de la manera correcta, los aspectos virginales de este color pueden suprimirse. Un traje de baño blanco o unos jeans blancos ajustados aumentan la energía de libra. Pruebe la decoración blanca en el hogar, combinada con rosas o azules con quizás un cereza más oscuro o azul marino para un entorno que combine con su personalidad libra. Cuando necesita estimular la concentración, libra usa el azul para brindar calma, claridad y valentía cuando es necesario. Piense en términos de cielo azul, sin barreras ni fronteras, cielo infinito y vastas áreas de espacio de pensamiento creativo. El azul también es un color útil para vaciar la mente después de un largo día de trabajo. Los gurús de la meditación sugieren pensar en un cielo azul infinito cuando se medita.

Piedras Preciosas

• **Ópalo**: Para libra, las piedras preciosas y los cristales suelen ser un aspecto importante de su vida. El ópalo se considera la piedra de nacimiento de libra. El ópalo proporciona a libra inspiración y creatividad, sincronizando sus relaciones y su vida cotidiana para promover la armonía y el equilibrio. Llevar ópalo encima o tenerlo cerca protege de la negatividad y previene las pesadillas, una ocurrencia común para los libra que luchan contra la injusticia y la desigualdad. Una joya de la buena suerte, el ópalo proporciona valor cuando es necesario.

• **Ojo de Tigre**: Esta piedra preciosa también está asociada a libra. Esta piedra preciosa proporciona resistencia, y si es usted libra, sabrá que tratar de satisfacer las necesidades de todo el mundo y ponerlas antes que las suyas es agotador y le deja sin energía. Mantener esta piedra preciosa cerca le ayuda a mantener el equilibrio y le proporciona el impulso interno y externo que necesita. Cuando la vida se vuelve desafiante, el citrino también puede ser útil, ya que ayuda a libra a navegar por situaciones difíciles y enfrentar desafíos que pueden requerir una acción decisiva.

• **Cuarzo Rosa:** Se dice que esta piedra preciosa representa el amor incondicional. El rosa tiene un significado especial para libra y es la piedra lunar que proporciona amor propio y favorece las relaciones amorosas. Muchos libra se sienten incompletos cuando viven solos. A menudo se escucha a los libra decir que quieren más romance en sus vidas: el amor de una pareja sentimental. Para algunos libra, la sensación de inquietud que a veces tienen sin razón aparente es a menudo el resultado del deseo inconsciente de una relación romántica. El cuarzo rosa inspira a ver el propio valor y a darse cuenta de que amarse a uno mismo es el mayor de todos los regalos. Los astrólogos creen que el cuarzo rosa puede atraer un pretendiente a la vida de libra. Para mejorar sus sentimientos de amor propio, use cuarzo rosa en casa, en el dormitorio y en el baño.

• **Lapislázuli**: Esta hermosa piedra preciosa azul aporta una mayor reflexión e intuición a la vida de libra. Permite que el elemento aire penetre en el entorno de libra para centrar las emociones. A los libra no les gustan demasiado los conflictos y tienden a apaciguar o huir de tales desafíos. El Lapislázuli ayuda a libra a expresarse de manera más asertiva. Los libra son conocidos por su diplomacia y esta piedra preciosa refuerza este rasgo. Si es usted libra, llevar esta piedra preciosa en su bolso o en su bolsillo le permitirá sentir seguridad en situaciones difíciles. Proporciona energía positiva cuando es necesario.

• **Aguamarina**: Esta es la piedra de nacimiento favorita de libra. Contiene una inmensa energía. Mantener esta piedra cerca le proporciona a libra tolerancia y apertura de mente. Utilizada al meditar, la aguamarina ofrece la posibilidad de alcanzar un nivel más profundo de intuición.

• **Piedra de Sangre:** Esta piedra preciosa proporciona valentía y coraje a libra. Es una piedra verde salpicada de rojo. Si es usted libra, debe agregarla a su colección de piedras preciosas. Posee poderosas propiedades para mantenerle conectado a la tierra. La mayoría de los libra saben que pueden ser percibidos como poco fiables y descentrados. Esto se debe a que a libra le resulta difícil a veces permanecer en el aquí y ahora y, a menudo, ve problemas cuando ni siquiera están allí, pero esta no es una percepción justa de libra, que en general está bien centrado y siempre interesado en lo que sucede a su alrededor y en la vida de sus seres queridos.

Libra Famosos

No es sorprendente que muchas personas famosas sean libra, ya que el signo otorga a los nacidos bajo él rasgos como la creatividad, el amor por el arte, la música y el diseño. ¿Quién nació el mismo día que usted? Creo que todos estarán de acuerdo en que son personas hermosas, creativas, ambiciosas y artísticas. Estos famosos tienen mucho en común, ya sea música, teatro, películas, escritura o diseño.

- Bruce Springsteen - 23 de septiembre - Personalidad - Un líder nato
- Will Smith - 25 de septiembre - Personalidad - Ambicioso
- Catherine Zeta-Jones y Michael Douglas: sí, ambos tienen la misma fecha de cumpleaños el 25 de septiembre
- Catherine Zeta-Jones - Personalidad - Creativa / Resiliente
- Michael Douglas - Personalidad - Emprendedor
- Barbara Walters - 25 de septiembre - Personalidad - Emprendedora
- Olivia Newton-John - 26 de septiembre - Personalidad - Creativa / resiliente
- Serena Williams - 26 de septiembre - Personalidad - Compasiva
- Gwyneth Paltrow - 27 de septiembre - Líder nata
- Jerry Lee Lewis - 29 de septiembre - Sensible / apasionado
- Ian McShane - 29 de septiembre - Humanitario
- Julie Andrews - 1 de octubre - Perceptiva / apasionada
- Susan Sarandon - 4 de octubre - Loba solitaria
- Kate Winslet - 5 de octubre - Emprendedora
- Matt Damon - 8 de octubre - Lleno de energía / movimiento constante

Vivir con un Libra

El conocimiento de cómo libra emana sus rasgos de carácter y personalidad puede ser útil cuando se trata de comprender o conocer a un libra. También es útil para los propios libra, ya que tener una comprensión más profunda de cómo podría reaccionar en determinadas circunstancias puede mejorar su experiencia de vida. Aquí, describiré brevemente al libra cuando está en casa, cuando está en el trabajo y cuando sale por ahí. Estos temas se tratarán con más profundidad más adelante.

Los Libra en Casa

Es posible que la casa de Libra no siempre sea tranquila y armoniosa, pero es el ideal al que libra aspira para su vida doméstica. Al ser creativo, libra generalmente tendrá una casa bien diseñada llena de toques artísticos en decoración y arte mural. Si es usted libra, poseerá muchas habilidades interpersonales, y su deseo de crear un hogar armonioso le impulsará a seguir adelante en esta búsqueda, pero la necesidad de crear equilibrio en su vida familiar puede causarle problemas, especialmente a la hora de tomar decisiones. ¿A qué escuela deben ir los niños? ¿Qué decoración queda mejor en qué habitación? ¿Qué hobbies quiere tener? Todas estas son preguntas que usted, como libra, pasará un tiempo considerable tratando de responder.

Para resolver las disputas en la familia, las cosas se ponen aún más tensas a medida que intenta negociar los conflictos para que los resultados sean justos para todos. Toda su motivación en su vida hogareña será la calma, la armonía y la creatividad. Su signo de aire significa que se esforzará por dominar los principios básicos de honestidad, igualdad y justicia. Trabajará duro para imbuir estos principios en sus hijos y su pareja. Sin embargo, estas características pueden interpretarse como indecisión y renuencia a ceder en cuanto a decisiones familiares importantes. Un rasgo de libra es verse a sí mismos a través de los ojos de los demás, lo que lo hará muy sensible a los comentarios irreflexivos de los miembros de la familia. Pero como libra, usted proporcionará la piedra sobre la que se forman los cimientos de su vida familiar. Su diplomacia y capacidad de consenso calmarán las aguas, haciéndole brillar intensamente como padre o madre y como pareja.

Los Libra en el Trabajo

Libra es una gran persona con quien trabajar porque "consenso" es su segundo nombre. Si es usted libra, ya lo sabrá. Le encanta trabajar en equipo y se sentirá en su ambiente en las actividades grupales. Debido a que le gusta ver la situación en su conjunto, los detalles no le preocupan demasiado. Esto puede hacer que otros empleados no le aprecien, especialmente cuando está indeciso. Estar demasiado relajado en el trabajo puede generar resentimientos, especialmente si quienes le rodean son impulsivos o están siempre cargados de adrenalina. Los hombres libra prefieren trabajar con personas que les agradan. Los conflictos latentes y los entornos hostiles los angustian, ya que los libra son los primeros en sentir la tensión en el ambiente. Los entornos de trabajo tóxicos no son buenos para nadie, pero el hombre libra se sentirá particularmente deprimido en entornos de trabajo poco saludables.

Como jefe, al hombre libra pasa un mal rato si los empleados no están contentos y buscan conflicto abiertamente, y puede estar algo indeciso sobre qué acción tomar. Cuando los problemas no se resuelven, el hombre y la mujer libra guardarán un tenso silencio, y esto afectará al trabajo. Visto desde afuera, libra, generalmente tan conciliador y emprendedor, parecerá perezoso y apático porque cuando las cosas no están equilibradas, libra tampoco lo está.

La mujer trabajadora nacida bajo el signo de Libra puede parecer un enigma. En la superficie, parecerá la dulzura personificada para quienes trabajen con ella. Preparada para implicarse y aceptar las sugerencias e ideas de otras personas, la mujer libra será de modales agradables y hablará suavemente. No todas las mujeres libra se ajustan a esta descripción, y si es usted libra, es posible que tampoco. En general, las mujeres nacidas bajo el signo de Venus no son chicas duras y rara vez muestran su sexualidad en público, pero no se deje engañar por este agradable aspecto exterior. Bajo de esta muestra de suave frescura hay una mente aguda y ambiciosa y un impulso feroz que hace que la mujer y el hombre libra sean líderes natos.

Tampoco se deje engañar cuando la mujer libra se doblegue ante las peticiones de los demás. Si la balanza no está equilibrada, tenga cuidado. La mujer libra no será feliz y no tendrá reparos en decirlo. La mujer libra infeliz en el trabajo lo reducirá todo a escombros hasta que pueda restaurar la armonía y el equilibrio en su vida. Esto hace que las mujeres y los hombres libra sean líderes y trabajadores ambiciosos. La dicotomía entre el empleado o jefe relajado y el empleado/jefe perezoso y descontento se combina para hacer que el liderazgo sea dinámico e inevitable.

Los Libra en Entornos Sociales

Si tiene intención de salir por la noche a la ciudad, prepárese para que libra le haga esperar. Los libra son muy conscientes de cómo son percibidos y pueden ser bastante vanidosos. Por lo tanto, es posible que deba sacarlos arrastras desde enfrente del espejo para salir a tiempo. Pero si conoce a un libra, sabrá que es amable, de buen humor y divertido. Los libra también atraen a la gente hacia ellos, por lo que si está en la ciudad en busca de nuevos amigos, llévese a su amigo libra con usted.

Si es usted libra, sabrá que es atractivo. Le encantará el lado social de su vida, aunque a veces busque la soledad. No es que no le guste la compañía, es más bien que no se siente incómodo estando solo, pero cuando llegan las invitaciones, no necesita pensárselo dos veces. Aun así tenga cuidado, todo libra quiere que las cosas salgan bien, por lo que cualquier interacción social que no sea perfecta será un problema. Especialmente no les gusta que los agobien y, si eso ocurre, tienden a alejarse. En cuanto a la amistad y las relaciones íntimas, los libra son románticos y luchan por la pareja perfecta, ya sea en un compañero o en una pareja.

Los Libra son soñadores, por lo que les gusta la compañía de otros soñadores, aunque este tipo de relación puede que al final no resulte productiva. Nuevamente, si es usted libra, también sabrá que a libra le gusta ser espontáneo y siempre está feliz de emprender una nueva aventura en un abrir y cerrar de ojos, por lo que encontrar a alguien con la misma espontaneidad es el sueño de todo libra. Socializar es una de las ocupaciones favoritas de los libra, y nada les gusta más que dedicar tiempo a cuidarse. Esto es cierto para el hombre y la mujer libra. Por lo tanto, los días de spa y las noches de champán, sin olvidar el chocolate, son el paraíso para libra. Los libra suelen tener un círculo de amigos pequeño pero leal. Suelen tomar la iniciativa cuando surge una disputa y siempre están listos para ofrecer consejos: tal vez se excedan de vez en cuando, y aquí es donde sus amigos libra pueden parecer demasiado agresivos. Pero los libra, aunque en general quieran divertirse, son inteligentes y elocuentes y son amigos leales y encantadores.

Capítulo 3: Fortalezas de Libra

Como ocurre con otros signos del zodíaco, libra tiene fortalezas y debilidades. Las fortalezas de libra son realmente formidables, y esto es lo que hace que los nacidos bajo este signo sean tan atractivos para los demás, pero también tienen debilidades. No es sorprendente, dado su signo zodiacal, que los libra se preocupen profundamente por el bien y el mal, y el símbolo de la balanza juega un papel dominante en la forma en que conducen sus vidas. Las injusticias que ocurren en el mundo les causan gran inquietud y no son reacios a expresar sus opiniones, ya sea a nivel político o social. A nivel personal, hacen frente a la injusticia cuando se manifiesta entre amigos, compañeros de trabajo o familia. Esta es la razón por la que es bueno tener a un libra al lado. Si bien pueden ser mediadores y pacificadores, desafiarán la injusticia y están dispuestos a sacrificar sus propias libertades por los demás.

En un plano más negativo, libra no es tan directo como otros signos, y esto puede preocupar a los amigos y familiares de libra. Los Libra están tan interesados en mantener la paz que puede ser difícil aceptar su palabra. Esto se debe a que tienden a elegir sus palabras con mucho cuidado, especialmente si piensan que sus palabras pueden molestar. Si es usted libra, sabe que probablemente dirá cualquier cosa para evitar conflictos o herir los sentimientos de los demás. Entonces, aunque un libra luchará por la justicia, al mismo tiempo, es probable que evite las confrontaciones y prefiera usar la diplomacia y la conciliación antes que palabras más duras. Esto hace que libra parezca una bomba sin detonar. Serán pasivamente agresivos, pero pueden explotar de rabia ante la menor cosa que salga mal.

Si conoce a un libra, no le sorprenderá saber que uno de los aspectos más negativos de su personalidad es su miedo a ser directo sobre cómo se siente. Las parejas más dominantes pueden aprovecharse fácilmente de libra debido a su indecisión y tácticas evasivas cuando se enfrentan a conflictos. Veamos las fortalezas y debilidades de libra con más detalle.

Fortalezas

• Elegancia Innata

Si es usted libra, tendrá una elegancia innata. Cualquiera que sea la moda o las tendencias en un momento dado, ya sea grunge o casual elegante, instintivamente tenderá hacia la elegancia. ¿Con qué frecuencia ha salido con un amigo y se ha quedado mirando los expositores de joyería en los escaparates de las tiendas de lujo? No son los llamativos collares rojo rubí o los enormes anillos de diamantes lo que le llaman la atención, sino los pendientes de una sola perla elegantemente montados en delicadas garras de plata. La elegancia sutil es el sello distintivo de libra.

Cuando se trata de decoración, ya sea hombre o mujer, su hogar será elegante y armonioso. Todas sus elecciones en cuanto a decoración se exhibirán elegantemente para resaltar lo mejor de su entorno. Esta elegancia es una fortaleza. Puede confiar en que su amigo libra tomará las mejores decisiones cuando se trata de organizar muebles, elegir ropa elegante o simplemente comportarse de manera elegante cuando socializa.

• Romanticismo

El rasgo más conocido de libra es su romanticismo. Ya sea en literatura, arte, música o intereses amorosos. Libra se siente atraído por lo romántico. Si tiene un compañero libra, las cenas románticas a la luz de las velas deberían entrar en sus planes. Pero incluso una noche en casa acurrucados junto a la chimenea debe ser romántica: el vino bien frío, las luces bajas y música romántica de fondo. ¿Qué mejor para un libra que disfrutar de un libro romántico o escuchar canciones de amor en un tocadiscos antiguo?

Muchos artistas son libra, y no es ninguna sorpresa. Este aspecto de su personalidad se manifiesta en su trabajo. Libra huye de los pensamientos oscuros y los rincones sombríos. Si su pareja es libra, reconocerá este lado romántico de su naturaleza como una fortaleza. Siempre presentarán la mejor visión posible del mundo y siempre verán la belleza en el objeto, flor o sentimiento más pequeño. Atesore a libra por su capacidad para buscar lo mejor en las personas.

• Adaptabilidad

La fuerza de libra es su adaptabilidad. Incluso cuando los tiempos se ponen difíciles, están a la altura del desafío y se adaptan a la mayoría de situaciones. Esto convierte a los libra en aliados útiles. Los libra tienen más probabilidades de sobrevivir a divorcios complicados, mudanzas de casa y cambios de trabajo. Puede que la situación sea difícil, pero algo dentro de ellos entra en acción cuando los derriban; se ponen de pie, listos para intentarlo de nuevo. Esta es una fortaleza particular si está buscando trabajo, ya sea en el mundo del espectáculo o en el entorno comercial. Los libra no se dan por vencidos una vez que han mordido a su presa. Si conoce a un libra, lo habrá oído decir muchas veces: "Bueno, busquemos el lado bueno de esto" o "sé que puedo hacer que esta nueva situación funcione para mí". Ser adaptable hace que los libra se calmen y equilibren cuando el caos reina a su alrededor. Sí, puede que se sientan perturbados por la inclinación de la balanza cuando las cosas cambien, pero el impulso de libra por el equilibrio pronto restablecerá las cosas.

• Buen Gusto Estético

El libra tiende a tener buen gusto y capacidad para juzgar las cosas inteligentemente, por lo que es muy probable que reconozca algo que tiene belleza estética. El buen gusto es algo que ocurre a través de los sentidos, como oír, tocar, saborear, ver, etc. La noción del buen gusto estético se alinea maravillosamente con el sentido innato de la elegancia y, por supuesto, el romanticismo de libra. Se podría argumentar que el buen gusto estético es la piedra angular de la personalidad de libra. Tienden a alejarse de los elementos toscos o desordenados de la vida cotidiana, a menos que estos elementos se utilicen para explorar significados más profundos, como en la poesía y el arte. Los músicos y cineastas libra tienden a explorar los lados más oscuros del alma cuando crean su arte.

Es probable que su amigo libra disfrute de la buena comida y del tacto de las telas suaves. Observe a su amigo libra caminando por una tienda que vende ropa de cama suave y túnicas lanudas, simplemente no puede resistirse a tocarlas al pasar. Si es usted libra, ¿cuántos pares de calcetines de cama de lana tiene? La buena comida y las bellas artes y la literatura encienden la imaginación de libra, por lo que, si tiene un compañero libra, elegir los regalos de Navidad no debería ser ningún problema. Los libra son buenos maestros, así que si quiere aprender las mejores cosas de la vida, pregúntele a un libra.

• Justicia/Rectitud

Esta es una fortaleza obvia de libra. La equidad y la justicia, hacer lo correcto incluso si crea problemas, son características intrínsecas en la estructura de libra. Libra encontrará aborrecibles los actos egoístas, y en ocasiones esto puede hacerles perder popularidad. Si alguien de tu grupo de amigos no está dispuesto a permitir que se hable mal de otro miembro del grupo que está ausente, diciendo "esto está mal, no está aquí para defenderse", entonces lo más probable es que esa persona sea libra.

Muchos políticos comienzan sus carreras porque ven injusticia en el mundo y quieren ayudar a arreglar las cosas. No es de extrañar que algunos hayan nacido bajo el signo de Libra. Alexandria Ocasio-Cortez y Kamala Harris son libra. Los libra se sienten atraídos por profesiones que luchan por la justicia social. Por supuesto, nadie es un santo, y a veces la gente se comporta mal, y los libra no son diferentes a los demás en este aspecto, pero si es usted libra, probablemente admitirá que cuando se comporta mal con otra persona, afecta a su equilibrio durante mucho tiempo. Esto suele deprimirle hasta que consigue restablecer el equilibrio.

• Capacidad de Liderazgo

Los libra son líderes natos, por lo que suelen ser jefes magníficos. Dado que ser justos está en su naturaleza, tienden a hacer lo que es moralmente correcto, por lo que los jefes libra generalmente tienen empleados leales. Si trabaja para un jefe libra, es probable que trabaje con un grupo de personas felices. A los libra no les va bien en atmósferas cargadas de tensión. Si los empleados son irrespetuosos o combativos, saldrá a la luz el temperamento de libra y es probable que la comunicación se interrumpa muy rápidamente.

Su jefe libra probablemente querrá mantener la paz y estará abierto a tener una conversación honesta sobre cómo se siente acerca de ciertos aspectos del trabajo. Buscar la confrontación no funcionará con su jefe libra. Si es usted libra, es posible que desee considerar trabajos o actividades en las que pueda mostrar sus habilidades de liderazgo de la mejor manera. Bruce Springsteen es un libra, y aunque es divertido saber que es conocido como "el Jefe", no es de extrañar que no solo haya "nacido para correr" (born to run), sino que también haya nacido para llevar a su banda al éxito.

• Diplomacia

Los libra son diplomáticos. Harán cualquier cosa para no alterar el equilibrio en su propia vida y la de otras personas. ¿Cuántas veces, como libra, le han llamado para negociar y mantener la paz? Los padres libra son especialmente buenos en ser diplomáticos con sus hijos. Cuando se enfrenta a desacuerdos familiares difíciles, es libra quien generalmente calma la situación porque tiende a contemplar todas las partes de una discusión. Cuando alguien está claramente equivocado en algo, libra empleará el tacto y la diplomacia para corregir opiniones y acciones incorrectas.

Los libra son analíticos, y esto puede ser frustrante para sus familiares y amigos, pero es una de las fortalezas de libra, ya que a menudo son los que presentan todos los puntos de vista de manera diplomática para que se resuelvan las rencillas que de otra manera podrían haberse convertido en un conflicto.

• Lealtad

Su amigo libra le querrá por siempre, a menos que, por supuesto, altere su equilibrio, en cuyo caso se cuestionará mucho el mantener su amistad. La lealtad es una característica determinante de libra. Su amigo o amante libra también esperará lealtad de usted. Sus compromisos son fuertes. La mayor virtud de un libra es que le acompañará en casi cualquier crisis o momento difícil. La traición no está en su repertorio. Si su pareja es libra, no dude en decirle cuánto la ama y recuerde que, al igual que ellos estarán a su lado, no esperan menos de usted.

Libra siempre priorizará su felicidad por encima de la suya propia. Les encanta hacer feliz a la gente porque ello crea armonía en sus vidas. Siempre listo para ayudar a las personas en momentos de necesidad, libra irá más allá de lo que se espera de ellos. Libra hará cualquier cosa para hacerle feliz, lo que hace que mucha gente pueda aprovecharse de ellos. Si quiere un favor de un libra, no tendrá que pedírselo dos veces. Recuerde, también, que debido a que los libra son románticos empedernidos, harán todo lo posible para mostrarle su lealtad, ya sea conseguir una mesa en un buen restaurante o los mejores asientos para ver a su banda favorita.

Capítulo 4: Debilidades de Libra

Las personas nacidas bajo el signo Libra son seres complejos que no esconden sus "sentimientos internos". Son cautivadores, diplomáticos, justos e intensamente leales. Mucha gente está de acuerdo en que libra es una persona hermosa, por dentro y por fuera, pero, así como no pueden ocultar los aspectos positivos de su personalidad, tampoco pueden ocultar sus debilidades. Si es usted libra o tiene amigos libra, reconocerá algunas de esas debilidades a continuación.

• Duda e Indecisión

Sí, esta es probablemente una de las debilidades más notables de libra. Simplemente son incapaces de tomar una decisión y, si lo hacen, es probable que la vuelvan a cambiar. Ser vacilante e indeciso resulta un lastre para libra. ¿Aceptarán ese trabajo o se quedarán donde están? ¿Qué pasa si las cosas van mal? ¿Debo decirle a esa persona que no quiero volver a verla o me arrepentiré? Hay que asumir que en una crisis, los libra estarán perdidos. Si bien son líderes natos, deben tener un entorno estable y equilibrado.

Si tiene un amigo libra, puede ayudarle a superar su vacilación e indecisión recurriendo a sus fortalezas. Los libra son muy adaptables, indíqueles que decidir incluso si resulta ser una decisión equivocada, no es el fin del mundo, ¡que pueden hacer que las cosas funcionen a menos que necesite sacarlos de un edificio en llamas! La naturaleza indecisa de libra se debe principalmente a su capacidad para ver ambos lados de un problema. Para libra, hacer lo correcto es lo más importante. Los libra a menudo envidian y admiran a los amigos y familiares que poseen más determinación, pero desafortunadamente, su propia duda e indecisión los hace parecer débiles a los ojos de personas más asertivas.

• Miedo a Ofender

No le pida a libra que sea cruel o desalmado, ya que es incapaz. Incluso cuando han sido heridos, los libra no pueden ofender a otras personas porque simplemente no está en su naturaleza. Si inadvertidamente hacen daño a alguien, se sienten profundamente turbados. Esta debilidad evita que los libra se defiendan cuando es necesario. También los hace parecer débiles frente a los demás.

Si es usted libra, es posible que haya experimentado el ser herido por los comentarios de otras personas, incluso cuando usted mismo nunca es cruel o hiriente. Esto se debe a que algunas personas a su alrededor saben que no responderá a las ofensas, por lo que es casi como si les estuviera dando permiso para ser hirientes. Tome el ejemplo de alguno de sus amigos más asertivos, si ofende a alguien, probablemente sea porque se lo merece. Si un amigo libra es reacio a ser asertivo cuando sea necesario, apele a su sentido de la justicia sugiriendo que su aquiescencia solo hará que esa persona sea ofensiva hacia más gente.

• Sed de Justicia

A veces, libra puede ser exasperante cuando se trata del tema de la justicia. Su necesidad de justicia puede llegar al extremo. Por ejemplo, debido a que los libra son generalmente personas muy inteligentes, les gusta debatir hasta el punto de agotar a la gente. Cuando libra piensa que no se ha hecho justicia, no se detendrán ante nada para asegurarse de que todo el mundo lo sepa. Esto puede enfurecer a quienes le rodean. Pero habiendo dicho esto, si tiene un amigo libra o vive con un libra, sabrá que son seres complejos que no encajan fácilmente en un marco agradable y ordenado. Son como mariposas, revoloteando de una característica a otra. Su inconsistencia nunca es tan clara como cuando exigen justicia.

Libra puede estar muy molesto cuando sus opiniones no se toman en serio, o peor aún, cuando no se le escucha. Libra no es reacio a inclinar la balanza a su favor para convencer a la gente de que algo es injusto. La inconsistencia de libra a menudo puede considerarse una debilidad, particularmente cuando se aboga por la justicia, pero para libra, la balanza no se equilibra fácilmente, requiere de un ajuste cuidadoso para alinearse. Para que otros vean ambos lados de una discusión, se verá como libra pasa de una característica a otra, volviéndose indolentemente excesivo, de mal humor un momento y equilibrado al siguiente. Aquellos que no entienden esto a menudo se sorprenden por los contrastes en este libra supuestamente sensato.

• Seducción Involuntaria

¿Puede una persona ser seductora sin darse cuenta? Por supuesto que sí. Libra es un ser inteligente y esto puede resultar sumamente seductor. Cuando intente atraer a un libra, notará que le gusta hablar sobre temas profundos y significativos, por lo que a menudo es difícil llamar su atención sobre lo que tiene en mente. Este aspecto estético de su personalidad y su comportamiento aparentemente "inconsciente de que me encuentra atractivo" puede ser muy seductor y serlo además inadvertidamente. Los libra tienen el poder de atraer desde el otro lado de una habitación llena de gente, pero no imagine que lo saben. Esa mirada de "vamos" puede no ser todo lo que parece. Los libra pueden perder el interés con acercamientos toscos y torpes.

Si sabe que la persona con la que quiere coquetear es libra, partirá con ventaja. Libra responde a la conversación elegante y, como puede imaginar, a un buen debate. Pero no caiga en la confrontación, este enfoque no es del agrado de libra. Si tiene la intención de llevar a su cita libra a la cama, hay una o dos cosas que debería considerar. Generalmente, libra preferirá hacer el amor en una cama en lugar de encuentros aparentemente espontáneos en el asiento trasero de un coche. Una de las grandes debilidades de la personalidad de libra es su renuencia a ser terrenal y sucio. Recuerde, Libra es igual a elegancia.

• Narcisismo

Incluso con todas las debilidades anteriormente mencionadas, a menudo libra es considerado como el signo del zodíaco más hermoso y más lleno de amor. Pero cuidado, algunos libra tienen un lado oscuro en su personalidad: sus tendencias narcisistas. Como libra, puede admitir que emplea gran parte de su tiempo concentrado en sí mismo. Esto se debe a que le gusta complacer a los demás, lo que implica lucir lo mejor posible, sentirse apreciado y ser admirado. Este aspecto le aporta a libra el tan ansiado equilibrio por el que lucha en su vida.

Si bien el narcisismo es una debilidad del carácter de libra, son narcisistas con buenas intenciones. Pero este rasgo de personalidad, mostrado al mundo como autoconfianza y egoísmo, a menudo puede ocultar un alma torturada que anhela reconocimiento. Esto hace que libra sea sensible a las críticas. Si conoce a un libra, reconocerá fácilmente este rasgo. Odian las críticas a sí mismos, pero se sienten cómodos criticando a los demás. El encantador libra puede volverse petulante y agresivo rápidamente. Si quiere llevarse bien con un libra, pero descubre que es narcisista, entonces debe aceptar que existen límites para su encanto y buena voluntad. Explíquele a una persona narcisista, sea cual sea su signo de estrella, que no será un obstáculo para su ego inflado.

• Voluntad Débil

La débil voluntad de libra puede ser frustrante a veces, pero esta percepción negativa de libra puede que esté exagerada. Es posible que el indeciso libra se derrumbe cuando es necesario tomar una decisión, pero ello no significa necesariamente que libra sea superficial. Adoptar una postura de moderación es una decisión difícil. El libra parece tener una voluntad débil porque su objetivo primordial es el equilibrio y la armonía. Siempre intentarán hacer lo mejor para mantener la paz. Si es usted libra, no adopte esta percepción negativa de usted mismo. Quiere lo mejor para quienes le rodean y lucha por la equidad y la justicia en su propia vida y en la vida de los demás. Sí, su vacilación puede parecer debilidad, pero tiene un fuerte sentido de la justicia, así que use su diplomacia de manera asertiva y asegúrese de respaldar sus decisiones con mensajes claros. Por ejemplo, diciendo: "No estoy preparado para hacer esto hasta que lo haya pensado bien" y una vez decidido ciñéndose a ello.

Si tiene amigos o pareja libra, sabe lo difícil que es cuando se deben tomar decisiones y esas decisiones deben cumplirse. Sabe que tal vez su libra cambie de opinión, pero al ser débil, es cauteloso. Si su libra le importa, reconozca este hecho y confróntenlo juntos. Dado que se puede influir fácilmente en libra, tal vez una conversación seria sea suficiente para ayudar a libra a decidir y mantener su decisión.

En situaciones familiares, al padre o madre libra puede resultarle difícil no ceder ante los niños exigentes. Pueden castigarlos por cosas pequeñas, quitándoles el móvil o la consola, pero ceden rápidamente cuando el niño llora o monta una escena. Si tiene un compañero que es un poco débil cuando se trata de disciplinar a los niños, quizá necesite ayudarlos a ser más asertivos, pero esto debe hacerse dentro del marco de una discusión equilibrada en lugar de una confrontación.

• Adopta Soluciones Paliativas

Libra buscará con mayor frecuencia una solución paliativa a los problemas. Quizás esta sea una característica profundamente inherente de libra, pero también puede percibirse como una debilidad. Es como poner un póster para tapar una grieta cuando en realidad lo que hace falta es hacer una reforma.

La naturaleza terapéutica de libra se puede ver a menudo. Si es usted libra, ¿con qué frecuencia le han acusado de no ver las cosas como son? Las soluciones paliativas a los problemas a veces pueden funcionar, y hay muchas ocasiones en las que el enfoque del mazo no funciona, pero este enfoque para la resolución de problemas no siempre funciona y los observadores pueden considerar que hace la vista gorda ante los problemas reales. Si usted es un padre o madre libra, es posible que desee sentar a un niño para hablar de su mal comportamiento y ofrecer soluciones que no aborden por qué el niño se está portando mal. Si es así, debe recurrir al lado intelectual de su naturaleza y enfrentar el problema de frente. De lo contrario, no le está enseñando a su hijo a abordar problemas de conducta graves.

A menudo, libra mira solo el lado positivo cuando una respuesta más realista sería más efectiva. Buscar soluciones que no aborden los problemas reales puede ser difícil para libra. Requieren una conversación seria que les permita ver que, a veces, una solución paliativa no siempre restablecerá el equilibrio y la armonía en sus vidas.

• Perezoso

Si conoce a un libra, ¿cuántas veces le ha escuchado describiéndose a sí mismo como alguien que tiene la capacidad de ser increíblemente activo o sumamente perezoso? Esta dicotomía es esencialmente una reminiscencia de la balanza, que puede estar equilibrada o no, aunque lo mismo se puede decir de otros signos, por lo que este aspecto perezoso de libra debe ser tomado con precaución, ya que la pereza de libra es una noción compleja, sobre todo porque es una aliteración omitida fácilmente por las personas que escriben horóscopos. Si es usted libra, o conoce a un libra, sabrá que una de las debilidades de la personalidad de libra es que no pueden quedarse quietos. Son almas inquietas que buscan el equilibrio en sus vidas y luchan enérgicamente por la armonía en sus vidas, lo cual es un trabajo duro, por lo que la noción de que libra es perezoso debe ser atemperada con la idea de que la actividad y la pereza son contrapesos y funcionan bien para el equilibrio de libra. Si no conoce a libra demasiado bien, este comportamiento indolente será una debilidad más que una fortaleza.

Debido a que el libra es de naturaleza estética, buscarán actividades relajantes como sentarse en un cómodo sillón leyendo un libro o relajarse en un día de spa con amigos, sin nada más que hacer que disfrutar. Pero recuerde que los libra probablemente trabajen duro para lograr este equilibrio en sus vidas. Los nacidos bajo el signo de Libra son buenos escritores de viajes, que combinan el trabajo duro con el lujo de explorar lugares románticos y atardeceres mediterráneos. Por lo tanto, no se deje engañar por esta "debilidad" en la personalidad de libra, luchar por tener un momento en el que puede simplemente no hacer nada sin sentirse culpable o ser irresponsable requiere planificación y trabajo duro.

En Resumen

Habiendo explorado las fortalezas y debilidades de la personalidad de libra, debe recordarse que las influencias ambientales también afectan la forma en que se comportan las personas. Si bien lo anterior no pretende definir a libra, estos rasgos son comunes en los nacidos bajo este signo del zodíaco.

Este capítulo termina con una mirada positiva a la personalidad de libra y sus rasgos más comunes. Libra es un alma amable y cariñosa, y si tiene la suerte de tener una madre, hermana o pareja que sea libra, entonces tiene suerte. Si está buscando un amigo o alguien con quien pasar su vida, entonces los libra son las personas más deseables del zodíaco. Permanecerán constantes y fieles y trabajarán arduamente para brindarle todo lo que necesita para hacer su vida cómoda y feliz. Libra siempre busca el equilibrio tanto en las relaciones como en el trabajo.

Así pues, si tiene un libra como pareja, un consejo: agárrese a él porque extrañará su amor, belleza interior y afecto en caso de que le deje.

Capítulo 5: La Mujer Libra

Amante

Después de leer los dos primeros capítulos de esta guía, sabemos que libra está influenciado por Venus y tiene la balanza para simbolizar la equidad y la justicia. Reconocido por ser el más hermoso de los signos del zodíaco, no es de extrañar que la gente se sienta atraída por ellos. Muchas personas se sienten cautivadas por la mujer libra, sobre todo porque desafiará constantemente sus suposiciones sobre ella: objetora un momento y obediente al siguiente, a veces muy clara, a veces errática. Aunque no está abierta a recibir críticas, la mujer libra está dispuesta a admitir cuando está equivocada. En el amor, la mujer libra se esfuerza por lograr la armonía y el equilibrio. Le encanta ser amada y le gusta la atención. Una vez enamorada, una mujer libra seguirá estando entregada, pero esperará honestidad de su pareja y no consentirá los juegos mentales. Ser justo en el amor es primordial para la mujer libra.

En el amor, la mujer libra será apasionada y coqueta. Si se siente apreciada, florecerá. Pero eso no significa que haya que estar constantemente pendiente de ella. Puede cuidar de sí misma y no es reacia a pasar tiempo sola. Lo que la mujer libra quiere es alguien en quien pueda confiar cuando se sienta vulnerable. La fiabilidad es una prioridad para ella. Pero, como buena libra, esperará que se respete su independencia. Por lo tanto, la mujer libra puede pasar de ser dependiente a independiente dependiendo de la situación. Dado que a los libra no les gusta lidiar con los conflictos, prefieren solucionar las cosas hablando y rara vez estallan de ira. Este deseo de hablar las cosas puede resultar desconcertante para su pareja masculina, ya que muchos hombres prefieren no hablar de sus emociones más íntimas. La mujer libra puede parecer intrusiva y quejica cuando convierte una discusión acalorada en una discusión de "sentémonos y hablemos de esto". La negativa de una pareja a tener una conversación profunda y significativa puede hacer que la mujer libra se sienta malhumorada y deprimida.

Como signo de aire, es probable que la mujer libra intelectualice el sexo. Considerará las necesidades de su pareja y las suyas propias y luego tratará de reproducir esa diversión en el dormitorio. La mujer libra es seductora y le gusta tomarse su tiempo con los juegos preliminares, ya que el placer sensual es importante al hacer el amor: el tacto, el aroma y las palabras románticas contribuyen a las actividades sexuales de la mujer libra. Las parejas de las mujeres libra son afortunadas en el dormitorio porque el sexo debe ser tan generoso como amoroso. Dicho esto, la mujer libra tampoco es una ninfa en el dormitorio. Puede ser tímida hasta que confía en su pareja. Su indecisión también puede dificultar que se abra sobre lo que quiere en la cama, pero cuando confíe en usted, la mujer libra será todo lo que quiere que sea y más. Debe ser sensible a las necesidades de la mujer libra en el dormitorio. Si quiere hablar, déjela hablar. Las áreas de respeto y honestidad deben ser visibles en el dormitorio como lo son en la vida cotidiana.

Compatibilidad

• **Libra y Virgo:** A primera vista, esta combinación sexual parece no coincidir. Virgo es un signo de tierra, mientras que Libra es de aire. Gobernado por Mercurio, los virgo son bastante tímidos en el dormitorio. Libra, aunque es algo tímido, querrá más aventuras sexuales, que rápidamente se convertirán en amor espiritual con significados más profundos. Pero a medida que la personalidad de virgo llega a conocer a libra en un nivel íntimo, los opuestos se pueden atraer y cada uno trae sus propias personalidades únicas a la creación de juegos para un apego amoroso profundo y gratificante.

• **Libra y Capricornio:** Lo primero que hay que tener en cuenta es que el sexo es extremadamente importante para ambos signos del zodíaco. Y, sin embargo, parece difícil de creer, ya que a ambos signos les gusta tomarse las cosas con calma. A menudo, capricornio y libra no se sienten atraídos inicialmente el uno por el otro y no persiguen una relación más profunda, pero, si algo enciende la chispa, tenga cuidado porque pueden hacer maravillas juntos en una relación. La amistad es importante para ambos signos, por lo que la amistad es un factor clave en su relación si se enamoran el uno del otro. El ritmo es importante para libra y capricornio, por lo que cuando sienten que es el momento adecuado, su atracción sexual explotará y caerán todas las barreras.

Pruebe con Otra Pareja

Primeras Citas

Está en su primera cita y ha descubierto que su cita es libra. ¿Qué debe saber para que su cita transcurra de forma satisfactoria? Primero, debe saber que a la mujer libra le gusta pasar un buen rato y no será pasiva ante esta expectativa. Ella se esforzará para asegurarse de que usted también lo pase bien. Incluso si va a ser su primera y última cita con su mujer libra, ella lo hará lo mejor que pueda y no desperdiciará su velada. No importa a dónde la lleve, la mujer libra mostrará interés. Su curiosidad natural y su enfoque intelectual de la vida se asegurarán de ello.

La mujer libra no le hará sentir incómodo y no se burlará de usted, por muy nervioso que esté en esta primera cita. Puede que empiece a bromear e incluso a flirtear un poco, pero no le hará sentir mal. Esto se debe a la tendencia de libra a la indecisión. Ella estará feliz de que usted decida dónde ir e incluso qué comer. No se quejará ni siquiera en el caso de que su elección no sea muy de su agrado. Por lo tanto, no se ponga nervioso ni se preocupe por lo que ella pensará de la cita, ella estará feliz de seguir adelante. En algunos aspectos, esto puede ser un poco desconcertante porque puede salir de su cita sin estar del todo seguro de cómo fue la noche.

A la mujer libra le gusta hablar, así que no se sorprenda cuando ella lo guíe a una conversación profunda, desde un debate filosófico hasta política local. Si espera que la cita acabe en la cama o en un ambiente romántico, probablemente visitar un museo o una sala de cine no sea la mejor estrategia, ya que ella querrá hablar, en profundidad, sobre los entresijos de las piezas del museo o el complicado final de la película. Lo más probable es que acierte con su cita libra si inicia una conversación intelectual. Le gusta la lectura y el arte y le gustan las discusiones salpicadas de toques románticos.

Es probable que su cita libra llegue un poco tarde, ya que tardará una eternidad en decidir qué ponerse. A ella le gusta que su ropa combine con el lugar y con su estado de ánimo y probablemente se habrá cambiado de ropa una docena de veces antes de entrar al restaurante para sentarse frente a usted. Ella también será crítica con lo que usted lleva vestido, aunque no hará ningún comentario al respecto. No se presente con ropa informal a menos que el lugar lo requiera. Haga un esfuerzo. A la mujer libra le gusta el estilo y la elegancia. Recuérdelo también cuando elija el lugar para la primera cita. Una advertencia para cuando salga con una mujer libra por primera vez: trate de no pedirle a ella que decida el lugar. Estará indecisa y probablemente le envíe un mensaje de texto varias veces con un cambio de lugar. Es posible que aún esté indecisa incluso después de que se reúnan, distrayéndose sobre si ha tomado la mejor decisión. Así que, a menos que usted también sea libra (es posible que nunca decidan dónde reunirse), tome la iniciativa y sugiérale un lugar. Ella no discutirá.

Compatibilidad

• **Libra / Libra**: Cuando conoce a alguien por primera vez, no importa si son compatibles o no. Hay más factores que juegan un papel en un emparejamiento que el signo bajo el que nace, pero algunos signos conectan especialmente bien en la primera cita, incluso si después no conduce a nada permanente. La mujer libra responderá positivamente a alguien que ponga todo su corazón y su empeño en cuidar de ella. Esta es la razón por la que libra y libra lo pasarán bien en una primera cita. Al ser ambos signos de aire, inmediatamente buscarán una apertura romántica para su primera cita. La luz de las velas, la música suave y un buen vino probablemente estarán en el menú.

• **Libra / Acuario**: Esta es una buena combinación para una primera cita. El acuario no va a estar especialmente pendiente de encontrar fallas en su primera cita como tampoco lo hará libra. Por lo tanto, ambos tendrán una buena predisposición para conocerse. También estarán interesados en lo que el otro tiene que decir. Libra y acuario son una buena pareja en general, y cada uno encuentra inspiración en el otro. Esta unión también tiende a funcionar permanentemente, cada uno concede al otro el espacio para ser ellos mismos, pero resolviendo los problemas juntos: acuario es justo lo que la mujer libra necesita para resolver problemas, y seguirá el liderazgo de este signo más decisivo.

Hobbies

Si ha leído el capítulo anterior de esta guía, no se sorprenderá al saber que la mujer libra tiene muchos hobbies y, a menudo, pasa de una actividad a otra cuando está inquieta o aburrida. Su principal afición es mantener todo equilibrado, y esto requiere una cantidad considerable de tiempo y planificación.

- **Decoración del hogar**: A la mujer libra le gusta la decoración del hogar, que requiere tiempo y mucha energía, de la que se puede cansar fácilmente si las cosas no van bien. Si bien es posible que pase días, tal vez semanas, diseñando la decoración para una habitación en particular de la casa, es muy probable que compre por impulso algo que haya visto en un escaparate y luego remodele completamente la habitación en función de esa compra impulsiva. Esto es lo que hace que la decoración del hogar sea tan absorbente para la mujer libra. Todo debe estar en perfecta armonía. Debido a que la mujer libra comprende el equilibrio de los opuestos (yin/yang), los visitantes de una casa libra encontrarán artículos graciosos y de bajo coste que comparten espacio con artículos caros y elegantes que crean una atmósfera hogareña interesante pero relajante.

- **Compras**: Si bien las compras son un pasatiempo habitual para la mujer libra, rara vez incluye la compra de alimentos a menos que sea en emporios de alimentos de alta gama y tiendas de delicatessen que ofrecen alimentos exóticos o selectos. Las compras en el supermercado aburren a la mujer libra, por lo que es probable que se desplace por los pasillos y deje caer cualquier cosa en la cesta que se parezca a una cena, pero mirar escaparates, comprar ropa y comprar muebles ocupan un tiempo considerable en el calendario libra. Al comprar ropa, libra será muy indecisa, por lo que generalmente tiene amigos o familiares de confianza para ir a comprar ropa.

• **Senderismo y Paseos por la Montaña**: Este es el pasatiempo perfecto para la mujer libra. Adora el aire libre, especialmente ir a las montañas y caminar por senderos que ofrecen paisajes espectaculares. Una mujer libra amante de la naturaleza encontrará la paz y la tranquilidad perfectas sentada en la cima de una montaña, tomando fotografías o simplemente meditando en silencio. La perfecta simetría de la naturaleza, ya sea accidentada o suavemente ondulada le proporciona inspiración. La mujer libra tiene pies inquietos, por lo que caminar y hacer largos recorridos al aire libre satisface su necesidad de moverse. Además, a libra nada le gusta más que no hacer nada. Caminar por las montañas, perversamente, satisface esa necesidad en libra. No tener nada más que hacer que poner un pie delante del otro y ser uno con la naturaleza es el pasatiempo supremo.

• **Jardinería**: Si el momento es apropiado y siempre que sea posible, la mujer libra dedicará tiempo a la jardinería para aliviar el estrés. La jardinería también le permite ser creativa. Siempre atraída hacia colores y formas naturales, la jardinería satisface la necesidad creativa de libra. También es probable que libra prefiera recostarse en una hamaca leyendo en el jardín en lugar de cortar el césped o arrancar malas hierbas. Para los libra de clase más acomodada, un jardinero se encargará de las tareas mundanas mientras ella pasa el tiempo revisando catálogos de semillas y revistas de jardinería en su búsqueda de encontrar el jardín perfecto. Los libra son excelentes jardineros, ya que su creatividad y búsqueda de armonía dan como resultado jardines acogedores, tranquilos y en sincronía con la naturaleza.

Compatibilidad

• **Libra/Virgo**: Compartir hobbies puede ser altamente gratificante, pero las cosas pueden salir terriblemente mal si dos personas no son compatibles, y esto es especialmente cierto con los hobbies creativos. La mujer libra buscará actividades que requieran equilibrio y sincronización. Su compañero debe ser de la misma opinión, o la mujer libra se marchará. Los virgo son buenos compañeros de hobbies, ya que son más asertivos, pero buscan inspiración en otras personas. Con gusto contribuirán a hobbies que supongan un desafío como caminar por la montaña o hacer senderismo y disfrutarán comprando productos inusuales o elegantes.

• **Libra/Acuario/Géminis**: Esta es una excelente combinación de signos. A estos signos les motiva la búsqueda de actividades inspiradoras como caminar y viajar. Al igual que la mujer libra, acuario y géminis buscan la armonía. No desean la fatiga que implican las actividades como los deportes extremos y los destinos de viaje arriesgados.

• **Libra/Tauro**: Esta es una maravillosa combinación, ya que ambos signos buscan la belleza tanto en el entorno como en los alimentos que consumen. Juntos, la mujer libra y su compañero tauro disfrutarán de largas conversaciones sobre cómo buscar los mejores alimentos y los mejores vinos y pasarán horas buscando la tela o el mueble adecuado para decorar una habitación.

Dinero

El dinero es la pesadilla en la vida de la mujer libra, ya sea que tenga mucho dinero o no tenga nada. A menudo, se pregunta si alguna vez estará libre de preocupaciones con sus finanzas. Curiosamente, este signo del zodíaco está pasando por una nueva frase planetaria disruptiva, por lo que los libra, tanto mujeres como hombres, deben abordar sus circunstancias financieras antes del cambio del siglo XXI. Si lo hacen, descubrirán que todos los problemas de dinero que hayan experimentado desaparecerán. Hay varias razones por las que la mujer libra no es buena gestionando dinero. Primero, le resulta difícil ahorrar: ese viaje a un país extranjero o esa elegante silla que ocupa un lugar central en el escaparate de la tienda la invitan a gastar su dinero.

Si es usted libra, sabrá que también le encanta comprar regalos para familiares y amigos, ya que siempre quiere mostrar su amor y cariño. Si conoce a un libra, tiene la suerte de recibir su generosidad, pero también es su deber demostrar que se preocupa por ella amando y aceptando sus rasgos generosos. Esto podría significar estar ahí para apoyarla cuando no tenga dinero.

Muchas mujeres libra creen que están maldecidas cuando se trata de dinero. Por supuesto, no lo están, y una vez que la mujer libra empiece a ahorrar en lugar de gastar, reconocerá como se equilibra su balanza de la fortuna, lo que mantendrá su equilibrio constante y en buena dirección. Ser intuitiva significa que usted, como mujer libra, tendrá la perspicacia para anotar cómo están progresando sus finanzas y reconocer dónde necesita ahorrar para eventos futuros.

Las mujeres libra pueden ser perezosas con la contabilidad, cosa que debe trabajarse si se quiere mejorar las circunstancias financieras. La mujer libra evitará escatimar y ahorrar siempre que le sea posible. Probablemente gastará demasiado dinero en calentar la casa, llenar la nevera o abastecer su bodega. Dedicar tiempo a las cuentas financieras le revelará a la mujer libra que primero debe equilibrar su contabilidad para tener una vida equilibrada.

Si bien el deseo de buscar el lujo y la elegancia es un rasgo inherente a la mujer libra, también es lo que la mantendrá justa de dinero. Si se reconoce en este rasgo, como mujer libra, es hora de hacer un cambio. Puede hacer que su hogar sea elegante con su buen ojo para la estética sin vaciar su cuenta bancaria. Pruebe nuevos diseños Feng Shui en su hogar con el fin de gastar poco o nada de dinero. Utilice sus instintos creativos para crear armonía y estilo siendo intuitiva y espiritual.

Antes de continuar con el tema del dinero, conviene señalar que el dinero sí hace girar el mundo. Todos necesitamos mantenernos a nosotros mismos y a nuestras familias: necesitamos comer y alimentarnos y, si tenemos suerte, nos sobrará lo suficiente para darnos un capricho de vez en cuando. Las mujeres libra son generosas en extremo y a menudo dan a los demás mientras se lo quitan a ellas mismas. La mujer libra dedicará una cantidad considerable, si la tiene, en donaciones a la caridad. A menudo, es probable que den dinero a personas sin hogar, a bancos de alimentos y a centros para personas sin hogar. La mujer libra es un ser espiritual y, a menudo, cree que la armonía en el universo se encuentra siendo generosa con su dinero.

Compatibilidad

• **Libra/Cáncer**: Esta es una unión que puede hacer que ambas partes estén mejor financieramente. Las personas de signo Cáncer tienden a ser cuidadosas con su dinero. Ahorrar para el futuro es algo natural para muchos cáncer. Por ejemplo, si un cáncer ha experimentado dificultades en su juventud, tienden a querer evitar la pobreza ahorrando para cuando vengan las vacas flacas. Este rasgo puede suponer un desafío si tienen una compañera libra, pero no es insalvable y ambos aprenderán el uno del otro. La mujer libra entra en juego cuando su pareja cáncer cae presa de las promesas de enriquecimiento rápido. Debido a la indecisión de libra, es probable que disuada a cáncer de entregar su dinero basándose en falsas promesas. Por lo tanto, esta asociación une lo mejor de ambos mundos, la capacidad de ahorrar dinero en el lado de cáncer y la capacidad de analizar promesas financieras dudosas en el lado de libra.

• **Libra/Leo**: Para las personas nacidas bajo este signo del zodíaco, existe una tendencia a tener suerte en asuntos de dinero. Pueden tomar buenas decisiones financieras basándose en poca información. Los leo tienen buen olfato para detectar una buena oportunidad de negocio. Desafortunadamente, también les gusta el estilo de vida lujoso, lo cual puede ser desastroso para la mujer libra, que puede estar de acuerdo con planes financieros de dudosa viabilidad.

- **Libra/Virgo**: Ser uno de los signos zodiacales más trabajadores significa que virgo es una buena pareja financiera para la mujer libra, que puede ofrecer ideas creativas para ganar dinero, pero puede que no tenga la energía para llevarlas a cabo. Virgo disfruta de la riqueza material, lo que, por un lado, no es un buen augurio para un libra que puede necesitar ahorrar dinero para comprar las cosas que desea, y virgo, a su vez, puede tener dificultades para gastar dinero en lo que cree que no es una buena inversión, pero equilibrando las cosas con cuidado, cosa en la que es experta libra, la combinación Libra/Virgo puede conducir a un muy buen resultado financiero.

Capítulo 6: El Hombre Libra

Amante

Si quiere alguien a quien amar, busque un hombre libra. Son sensacionales para el amor, especialmente porque su planeta regente es Venus. Atento, perversamente encantador y por si eso fuera poco, sensible, ¿a quién no le puede gustar eso? Bueno, puede que haya gente a la que no le guste, pero ya hablaremos de eso más adelante. El hombre libra irradia confianza, por lo que, con él a su lado, se deslizará sin problemas a través de las reuniones sociales, notando a medida que avanza que muchos ojos están puestos en su atractiva pareja. El hombre libra se siente atraído por las mujeres inteligentes y femeninas. Admira a una mujer elegante y es naturalmente atractivo para las mujeres creativas y artísticas.

Hay personas que pueden encontrar a los hombres libra un poco absorbentes como interés romántico porque una vez que se enamoran, quieren estar cerca de ti todo el tiempo. Si bien puede parecer algo tedioso, permanecerán fieles para siempre. A primera vista, puede parecer que al hombre libra le gusta flirtear, pero el flirteo se dirige principalmente a su afortunada compañera. Ambos miembros de la pareja se aprecian y se quieren, por mucho que puedan flirtear con personas que encuentren interesantes.

El hombre libra es sensible a cómo lo ven los demás, por lo que siempre intentará ser bueno cuando esté a su lado. Le toma mucho tiempo prepararse para salir, así que acostúmbrese a pelear por el espejo del baño. Al igual que las mujeres libra, al hombre libra le gusta mucho mirar su propio reflejo. Esto puede parecer vanidad, pero la verdad es que el hombre libra se preocupa por lo que otros piensan de él, por lo que gran parte del acicalamiento tiene que ver con cómo lo ve su interés romántico. Si no muestra respeto o incluso admiración por él, rápidamente verá un lado más oscuro de su personalidad.

El hombre libra es un hábil manipulador, especialmente en entornos sociales. Nunca perderá la oportunidad de exhibirla para sus propios fines en lugar de porque esté orgulloso de usted. Sus demostraciones de encanto para quienes lo rodean suelen ser un intento de ser incluido en los círculos de élite que tanto admira, pero si su interés romántico comparte los mismos objetivos en la vida, que suelen ser cosas como cenas elegantes y vacaciones de lujo, entonces esta puede ser la pareja perfecta. El hombre libra es romántico y nunca falla en este rasgo. Ve romance en todo. Desea personas sofisticadas que también estén abiertas a veladas románticas junto al fuego con champán y buena comida.

El hombre libra rezuma sexualidad, y esto es parte de su encanto. Le gusta que su pareja sea atrevida en la cama, pero también sensual. El misterio vuelve loco al hombre libra. Es un amante paciente. Quiere que su pareja se sienta segura, la confianza en una relación sexual es importante para el hombre libra. El hombre libra puede ser difícil de atar. Le gusta su libertad y siendo un signo de aire, no le gusta particularmente la idea de estar atado, pero una vez que lo tenga, lo más probable es que lo tenga de por vida.

Compatibilidad

- **Aries/Libra**: Aparte de la unión libra/libra, aries/libra es la pareja perfecta. Son opuestos primarios con libra bajo la casa gobernante de Venus y aries bajo Marte. Curiosamente, aunque su pasión arda intensamente, tienden a establecerse en una relación más pasivo-agresiva, por lo que, si las cosas van mal, harán todo lo posible para hacerse daño mutuamente. Este emparejamiento puede ser volátil, así que tenga cuidado. Estos dos signos deben trabajar en su relación porque una vez que se hayan asentado y la energía de aries se una a la indecisión libra, es probable que se queden juntos para siempre.

• **Tauro/Libra:** Esta es una unión interesante. Ambos signos están regidos por Venus, pero sus personalidades son opuestas. El hombre libra querrá que todo tenga buen aspecto. Son sensibles a los aromas atractivos y las telas hermosas. Tauro, como pareja, prioriza la comodidad sobre la apariencia. Prefiere la sustancia en lugar del estilo. El hombre libra busca placer sexual en sus relaciones. Si bien se puede decir lo mismo de Tauro, expresará este deseo de una manera diferente, lo que a veces puede dificultar lo que de otro modo podría ser una relación muy sólida.

Primeras Citas

Al igual que con la mujer libra, al hombre libra le gusta estar en entornos que crean inspiración, como museos y galerías de arte. Si conoce el signo zodiacal de su cita y resulta que es libra, organizar una primera cita en un teatro o galería de arte atraerá inmediatamente el interés de los hombres libra. Tenga en cuenta que lo que lleve puesto en su primera cita con un hombre libra debe ser apropiado y elegante para la ocasión. Su primera impresión con su cita libra debe ser buena. Si es usted mujer, piense en un vestido negro de líneas limpias y sofisticadas. Como toque travieso, use un toque de rojo: una elegante boina roja o zapatos rojos de tacón alto. Esto sorprenderá a su cita libra.

Si ya conoce los signos zodiacales, sabrá que su cita libra será sociable, por lo que estará buscando una sonrisa amable y genuina. Muéstresela si se siente con confianza. Al hombre libra no le gustan las personas tímidas, sobre todo en una primera cita. Eso no quiere decir que quiera una cita con la que pueda meterse en la cama la primera vez que se conozcan, más bien todo lo contrario. Estará buscando a alguien que pueda estimularlo mentalmente. Querrá un desafío. Querrá cortejarla para poder usar todo su encanto romántico. Espere que la primera cita con un hombre libra sea conversacional. Por lo tanto, preste atención porque querrá que le cuente mucho sobre usted. Si es usted amable y cariñosa y le encanta hacer cosas para la caridad o hacer algún tipo de voluntariado, es probable que se lo meta en el bolsillo, y una segunda cita estará garantizada. Recuerde, su imparcialidad y sentido de la justicia definen al hombre libra. Si está usted involucrada en causas nobles, él lo querrá saber todo sobre ellas.

Compatibilidad

- **Hombre Libra/Mujer Aries**: La mayoría de los astrólogos estarían de acuerdo en que libra y aries pueden sentirse profundamente atraídos el uno por el otro. A primera vista, parece que no tienen nada en común porque los nacidos bajo el signo de Aries pueden ser celosos y posesivos. Ella querrá ser el miembro dominante, y debido a que el hombre libra es más pasivo, podrían surgir problemas si hay una segunda y tercera cita. Aries es apasionada y divertida, por lo que, si el hombre libra está algo indeciso sobre sugerir sexo en una primera cita, su cita aries podría ser la que decida por él. Puede que acabe siendo una noche para recordar, pero quizás también sea la última cita. A los hombres libra les gusta conocer a su pareja antes de comprometerse.

- **Libra/Géminis**: Esta es una buena combinación para una primera cita. Tanto géminis como libra son observadores y leen bien a la gente, por lo que tendrán mucho de qué hablar. Los géminis son elocuentes, divertidos e ingeniosos. El hombre libra sentirá interés por un géminis de inmediato, adaptándose al tono de conversación de su cita. Puede que libra esté algo indeciso sobre tener una segunda cita, pero la personalidad cálida e intelectual de géminis lo acabará conquistando.

Hobbies

El tipo de hobby que alguien tiene nos dice mucho sobre esa persona. La astrología es increíblemente certera para combinar los hobbies con los signos del zodíaco. El hombre libra practica muchos de los hobbies que le gustan a la mujer libra. Le apasiona todo lo que se practique al aire libre, por lo que el hombre libra buscará a alguien que pueda compartir esta afición con él.

- **Senderismo**: El senderismo es una pasión para muchos hombres libra, y no se divertirá del todo si se le impide adentrarse en la naturaleza salvaje. Los viajes y la aventura están en lo alto de la lista de hobbies de libra. Con sus rasgos románticos y su amor por la elegancia, sus actividades son variadas y, a menudo, opuestas. Por ejemplo, a libra le encantará la escalada y el senderismo, no solo por el desafío, sino por el hermoso paisaje que solo los escaladores experimentan cuando se encuentran en la cima de una cordillera.

- **Turismo Cultural**: Por el contrario, también es posible ver a un hombre libra contemplando el atardecer en una hermosa isla exótica, el mar azul brillando sobre la copa de champán que tiene en la mano. Será feliz deambulando por los concurridos mercados callejeros de Italia con una guía en la mano o sentado en un café de París mirando a la gente pasar. El hombre libra necesita una compañera a su lado que comparta estos viajes de descubrimiento.

- **Lectura**: Por mucho que al hombre libra le gusten las noches de manta y película con su pareja, probablemente tendrá una novela escondida bajo los cojines en la que se sumergirá si la película no llama su atención, cosa que ocurre con bastante frecuencia. El hombre libra es inquieto, por lo que quedarse en casa puede ser una tarea ardua. Es probable que los libros sean una de las pasiones del hombre libra. Disfrutará hojeando librerías y bibliotecas. Su gusto es amplio, desde la historia natural hasta la literatura clásica.

• **Decoración**: Cuidado con el hombre libra. Le encanta decorar el hogar y, si está soltero, su hogar será elegante y con estilo. Al hombre libra le gusta comprar telas elegantes y simétricas. El blanco y el negro son sus colores de diseño favoritos. Debido a que la tecnología también atrae al hombre libra, comprará gran parte de su decoración por internet. Las expediciones a las tiendas físicas no es que sean su actividad favorita.

Compatibilidad

• **Leo/Libra**: Esta es una combinación interesante, ya que a leo le gusta ser enérgica. También está dispuesta a probar nuevos hobbies que la desafíen. Estos rasgos atraen particularmente al hombre libra. Leo es una buena compañera de hobbies porque al hombre libra le gusta que lo estimulen, por lo que se verá arrastrado a actividades desafiantes, como el ala delta o el surf. El amor de los hombres libra por la música y el arte puede hacer que él y su compañera leo aprendan a tocar un instrumento musical o asistan a clases de arte.

• **Libra/Aries**: Como de costumbre, una asociación con un aries parece ser inevitable para los hombres libra. A ninguno de los dos les va la inactividad. Quedarse en casa viendo la televisión no está hecho para ellos. Tampoco les gusta ser espectadores en un deporte, prefieren participar en ellos en lugar de mirar pasivamente, por lo que una pareja de hombre libra con un aries, ya sea hombre o mujer, estará siempre en busca de hobbies que les haga gastar su energía. Los aries prefieren hobbies enérgicos, por lo que es muy probable que pasen los fines de semana haciendo recorridos en bicicleta o corriendo una maratón.

Dinero

El hombre de libra no es del todo cuidadoso con su dinero. A veces, puede ser francamente indulgente a la hora de gastar su dinero. No es alguien que piense en términos prácticos, el hombre libra a menudo compra por impulso, muy probablemente algo que quiere en lugar de algo que necesita. Dicho esto, no piense erróneamente que libra no tiene respeto por el dinero porque lo tiene. A menudo, los hombres libra usarán su lógica para hacer lo que otros puedan pensar que es una inversión imprudente y convertirla en una inversión estable a largo plazo.

Dado que al hombre libra le gusta disfrutar de un estilo de vida elegante, se asegurará de que su cuenta bancaria sea estable y equilibrada para poder disfrutar de una vida de viajes y aventuras. Disfruta del lujo de ver crecer su cuenta bancaria, pero para el hombre libra menos acomodado, el dinero siempre puede ser escaso porque su generosidad hacia sí mismo y hacia los demás significa que no es capaz ahorrar para la estabilidad futura.

Debido a que el hombre libra es lógico e intelectual, es probable que, si puede permitírselo, emplee a otra persona para que se encargue de sus finanzas. Si está casada con un hombre libra, la persona empleada para ello podría ser usted. Así que, cuidado, las finanzas de su cónyuge libra podrían quitarle el sueño. Cuando su cuenta bancaria esté estable, el hombre libra sentirá que la balanza está equilibrada, y es más probable que se sienta seguro y feliz con su suerte.

Si es usted un hombre libra, necesita enfocar su atención en sus finanzas y encontrar formas de vivir de la manera que desea con un presupuesto limitado. Esto puede ser un anatema para usted, pero averiguar la manera de viajar a un destino exótico sin arruinarse requiere que recurra a su lógica e inteligencia. Es posible vivir con un presupuesto limitado y hacerlo con estilo si se lo propone. Si su pareja es un hombre libra, debe guiar a su hombre en la dirección correcta diciéndole que un saldo bancario estable asegura una vida armoniosa, lo que el hombre libra anhela.

Compatibilidad

- **Aries/Libra**: Una vez más, entra en juego la unión aries-libra. Ambos signos están muy sincronizados, por lo que ambos deben tener mucho cuidado cuando se trata de ahorrar dinero. Aries es audaz a la hora de hacer inversiones y gastar dinero en las cosas que desea. Aries no tiene miedo, mientras que el hombre libra es indeciso. Sin embargo, una cosa que ambos tienen en común es que ambos luchan por tener carreras de éxito, por lo que probablemente puedan permitirse el lujoso estilo de vida que tanto desean. Pero ni aries ni libra encuentran fácil ajustarse a un presupuesto, por lo que un desafío que puede ser difícil de superar es asegurarse de que sus cuentas bancarias sean estables, cosa que los hombres libra pueden encontrar muy inquietante. Los aries pueden ser personas impulsivas, por lo que junto con el hombre libra que es más cauteloso, la atracción de aries por las dudosas empresas financieras se puede cortar de raíz antes de que causen demasiado daño.

- **Virgo/Libra**: La combinación virgo-libra puede ser buena económicamente, pero también puede resultar explosiva si no se tiene cuidado. Virgo tiene los pies en la tierra y es práctica, por lo tanto, no siempre está dispuesta a correr riesgos, lo que en muchos aspectos es bueno para el hombre libra que ve la vida de color de rosa. Virgo sabe instintivamente cómo hacer un presupuesto, por lo que la combinación virgo/libra puede ser muy dinámica. Con la capacidad de virgo para usar el dinero sabiamente y las tendencias creativas de los hombres libra, se puede hacer mucho con poco. Juntos, virgo y libra forman una buena asociación, y si esta asociación es financiera en lugar de íntima, estos dos pueden llegar lejos en iniciativas empresariales en industrias creativas como la fotografía, la realización de películas y la publicación de libros.

Capítulo 7: El Niño Libra

Este capítulo dirige nuestra atención al niño libra. Nunca la astrología es más fructífera que cuando consideramos los rasgos de nuestros hijos o sobrinos, por ejemplo. ¿Con qué frecuencia hemos comparado a nuestros propios hijos con los hijos de nuestros amigos y familiares? ¿Se trata simplemente de entornos diferentes, tiene más que ver con las diferencias de género? Si llegamos a la conclusión de que los niños nacen con determinados tipos de rasgos que los obstaculizan o los ayudan a crecer, entonces el estudio de estos rasgos a través del prisma de la astrología puede resultar útil y divertido.

El Niño Libra en Casa

Nadie sugiere que su hijo libra sea un adulto mini-libra. A sus rasgos de personalidad se añaden el condicionamiento social y el condicionamiento ambiental. A medida que crecen, el condicionamiento primario y secundario juegan un papel importante en cómo el niño madura hasta la edad adulta. Sin embargo, si podemos identificar los rasgos inherentes a nuestros hijos y fomentar los rasgos de personalidad positivos, podemos contribuir a que nuestros hijos prosperen.

El niño libra es social y es probable que comience pronto a hablar, incluso si su lenguaje solo tiene sentido para él. Al niño libra le gusta la compañía, por lo que también es probable que llore cuando se le deja solo en momentos como la hora de acostarse, o cuando aún es un bebé, cuando no puede ver a su cuidador. Les encanta jugar a juegos que impliquen la interacción con los demás. Por ejemplo, jugar a los médicos o a las tiendas. También le gustan las fiestas de té y, por lo general, se rodea de muchos juguetes para los que será el anfitrión.

Agradar a los demás es un rasgo que verá en su propio hijo libra o en el de otros. Sonríen mucho y son conversadores, deseosos de contarle lo que han estado haciendo durante el día y, en general, se involucran en conversaciones adultas que a veces parecen ser un intento de llamar la atención. Este no es el caso; solo quieren unirse y ser sociables y aprenden rápidamente las dinámicas sociales, como saludar a la gente amablemente y estrechar la mano si se les anima a hacerlo. Por esta razón, se debe disuadir suavemente a los niños libra de hablar con extraños. Su deseo desde una edad temprana de complacer a los demás debe ser controlado, por lo que cuando tengan la edad suficiente para comprenderlo, se les debe enseñar a ser cautelosos cuando estén cerca de extraños.

Su pequeño y encantador niño libra le engatusará con sus desesperados intentos de formar palabras. Estudiarán sus expresiones faciales y tratarán de emularlas, y responderán con entusiasmo a los arrullos y las risas de los adultos. Hablar con su hijo libra es vital para permitirle desarrollarse porque la comunicación, ya sea en el habla, el lenguaje corporal o los dibujos, forma un componente importante de la personalidad de libra. A la hora de comer, los padres se darán cuenta de que, si bien su hijo libra no es particularmente quisquilloso con la comida, les resulta difícil decidir qué quieren comer. Si ha observado a un niño dudar sobre si quiere zumo de manzana o zumo de naranja, con el padre corriendo hacia adelante y hacia atrás ofreciéndole una cosa tras otra, entonces ese niño probablemente será un libra. No es que sean caprichosos o mimados; es que el lado indeciso de su personalidad está comenzando a mostrarse, y realmente no pueden decidir cuál es el que quieren. Con toda probabilidad, si eligen el zumo de manzana y el resto de la familia elige el de naranja, sospecharán que han tomado la decisión equivocada y demandarán el mismo zumo que todos los demás.

Incluso desde muy pequeño, la independencia de libra se reconoce fácilmente. Es probable que se frustren fácilmente porque tienen muchos pensamientos dando vueltas en sus cabezas y luchan por actuar en consecuencia. Como se indicó anteriormente, no debería ver a su hijo como un adulto mini-libra o un "mini-yo", que es una tendencia bastante común. Pero notará que la capacidad de ser analítico, que es un rasgo fuerte de la personalidad de libra, es evidente en un niño libra desde una edad temprana. Aprenden rápido y son sensibles a lo que ven como injusticia en sus jóvenes ojos.

Si su hijo libra tiene hermanos, no lo dude, este es el niño que insistirá en que las chucherías se compartan por igual. De lo contrario, tendrá una situación de consejo de guerra en sus manos en la que tendrá que explicarse y negociar nuevos términos basados en la justicia y la igualdad. Es posible que tenga amigos o parientes que se hayan reído con usted sobre estos problemas y bromeen sobre tener que medir rebanadas de manzana y contar las pasas cuando le dan la merienda a sus hijos libra.

A muchos niños les gusta presumir y demostrar las nuevas habilidades que han aprendido, ya sea bailar, cantar o tocar un instrumento musical. El deseo del niño libra de ser sociable, combinado con su personalidad tranquila y amante de la diversión, hace que le encante ser el centro de atención. Así pues, si está visitando a un amigo o pariente con un niño libra, espere que lo obsequien con la última interpretación del repertorio del niño, ya sea una canción recién aprendida, un nuevo paso de baile o una carta escrita a Papá Noel. Como padre de un niño libra "aspirante a estrella", a menudo es necesario coger al niño de la mano y alentarlo a calmar su entusiasmo y dejar que los adultos conversen.

El Niño Libra en la Escuela

A medida que el niño libra crezca, articulará mejor sus pensamientos y su personalidad comenzará a formarse mejor. Con la influencia secundaria de la escuela, el niño libra tiene más material social con el que trabajar y más decisiones que tomar sobre cómo responder a la vida en general. Por ejemplo, el libra en edad escolar, es probable que ya haya superado su tendencia a llorar o enrabietarse cuando se le deja solo. Ha aprendido a que le gusten los ratos que en los que se queda solo para jugar porque ello le brinda oportunidades para ser creativo. Como son niños conversadores, es probable que sea lo primero que un maestro de escuela pueda percibir sobre su joven estudiante. Los niños libra responderán bien al entorno escolar, ya que es colorido y se alientan las actividades creativas. Sin embargo, por temperamento, el niño libra tiende a sospechar un poco de otros niños. Sensibles por naturaleza, pueden molestarse incluso con la más mínima burla de otro niño.

El aula debe ser ordenada pero cálida para que el niño libra prospere. Les gusta tener su propio espacio, que mantienen limpio y ordenado. Sin embargo, es probable que quieran tener juguetes y libros a su alrededor como compañeros de sus actividades diarias. Aparte de ser ordenado y equilibrado en el aula, al niño libra también le gusta ser justo. Como se dijo anteriormente, el niño libra no responde bien a lo que percibe como injusticia. Si bien son conversadores y elocuentes desde una edad temprana, es probable que cuando sean niños se alejen de la injusticia percibida e interioricen su angustia en lugar de hablar sobre ella.

Como padre, cuidador o maestro, debe permitir que el niño libra se exprese, ya que, de otra manera, este sentido de justicia permanece en ellos durante mucho tiempo. Por ejemplo, la mayoría de los padres y maestros saben que si un niño no es elegido para ser el personaje principal de una obra de teatro escolar, su decepción a menudo hace que acusen al maestro de ser injusto. Si este escenario se presenta con un niño libra, su sensación de injusticia no se olvida fácilmente, aunque la acusación rara vez se basa en la verdad. Los niños libra se fijan en una injusticia percibida y alentar al niño a hablar sobre estas emociones brinda la oportunidad para que el niño evalúe la situación, y dado que son buenos en esto, puede contribuir en gran medida a calmar las cosas.

Sobre la justicia y la equidad, los niños libra esperarán la verdad, y sus mentes analíticas reflexionarán sobre historias como el ratoncito Pérez y Papá Noel desde una edad temprana, por lo que, si su hijo es libra, es probable que sea él o ella quien dé la terrible noticia a sus hermanos de que Papá Noel no existe. En la escuela, el niño libra probablemente será el que haga muchas preguntas cuando el maestro lea a la clase y también es probable que empiece a molestar cuando se aburra. A menudo, el niño libra ya suele estar familiarizado con las historias que se les cuentan en clase y puede recitarlas casi prácticamente palabra por palabra.

A medida que los niños libra crecen, pueden tener dificultades con algunas clases que no satisfacen sus necesidades de aprendizaje. Las matemáticas por ejemplo probablemente no serán su asignatura favorita, y se desenvolverán mejor en clases que sean creativas usando los números de manera colorida y activa. Además, las matemáticas son demasiado formuladas para la pequeña mente de libra que prefiere pasar de un proceso creativo a otro. Serán lectores ávidos y, a medida que crezcan, comenzarán a demostrar una feroz independencia en su aprendizaje. Quieren leerlo todo, sin importar el género. Los maestros y los padres saben que los niños libra también querrán compartir sus conocimientos con ellos, porque, según la mente de un libra, ¿de qué sirve saber cosas si no puedes hablar de ellas con otras personas?

A medida que el niño libra se va desarrollando, el libra colegial demostrará sus habilidades de negociación. A los niños libra, al igual que a sus contrapartes adultos, no les gustan los conflictos o estar rodeados de personas conflictivas. Sus grupos de amigos tendrán las mismas cualidades. Si bien no responde bien a los conflictos, el niño libra puede ser un poco cotilla y disfrutará hablando de los demás a sus espaldas, aunque sentirán un remordimiento abyecto por haberlo hecho. La disposición habladora del niño libra lo lleva a extraviarse en situaciones incómodas, como susurrar en los rincones, que rápidamente pueden generar problemas.

La sensación de injusticia solo surge cuando el niño libra siente que un amigo ha traicionado su confianza al repetir lo que se ha discutido con la desafortunada víctima. Por lo tanto, los niños libra pueden encontrarse en conflictos que ellos mismos han creado simplemente porque les resulta difícil mantener un secreto o mantener sus pensamientos para sí mismos.

El Adolescente

Lo primero es lo primero; los adolescentes *son adolescentes*. Se comportan como lo hacen porque producen nuevas neuronas en sus cerebros en desarrollo, lo que les causa muchos problemas: rebelde sin causa un día y todo dulzura y luz al siguiente. La astrología es útil porque conocer el signo zodiacal de los adolescentes y el planeta regente puede ayudarlo a comprender un poco mejor sus confusiones. También puede enseñarles a reconocer sus rasgos para que puedan desarrollar los aspectos positivos de sus personalidades. Molly Hall (2020) sugiere que los adolescentes libra son especialmente creativos y tienen grandes sueños y aspiraciones.

Si es usted un adolescente libra y está leyendo esto, sabrá que su vida social es importante. Está preparado para defender a sus mejores amigos hasta la muerte, siempre y cuando no le traicionen. Como todos los adolescentes, el sexo opuesto ocupa gran parte de su espacio cerebral, y en los adolescentes libra aún más debido a sus personalidades románticas. Venus es su planeta regente así que, ¿qué esperaba? Sin embargo, si es usted un chico y está interesado en una novia libra, entonces espere seguir el ritmo del cortejo. Las chicas libra quieren paseos románticos por el parque y noches de películas de comedias románticas. Suena bien, ¿no?

El adolescente libra se siente atraído por las personas que son interesantes y van a la moda. Es probable que los amigos de libra sean chicos y chicas populares en el instituto, inteligentes, pero no nerds. A menudo, los adolescentes libra tendrán un amigo cercano con el que conversarán la mayor parte del tiempo, los teléfonos móviles nunca están fuera del alcance de los adolescentes libra, y enviar mensajes de texto al mejor amigo es algo habitual que causa mucha consternación en el hogar. Si es usted libra, sabe que comparte cada pensamiento con su mejor amiga. En relación a los estudios, será con su compañero con quien estudie. Dado que al adolescente libra le gustan los deportes, es probable que elija actividades en las que puedan jugar dos personas, como tenis o bádminton y, para las actividades más intelectuales, las damas.

Nunca subestime al adolescente libra ni lo de por sentado. Si es usted padre de un adolescente libra, ya sabe cómo se aburren cuando no son desafiados. Es posible que se sorprenda al descubrir que su adolescente libra no solo pasa una gran cantidad de tiempo en el baño acicalándose y haciendo Dios sabe qué, sino que también está abierto a sugerencias que implican visitar museos e incluso ir a la ópera. Muchos adolescentes libra se sienten atraídos por las artes, especialmente el teatro, así que anímelos a desarrollar su lado intelectual.

En la escuela, el adolescente libra probablemente estará en el grupo de teatro y en el club de debates. No es que sean particularmente enérgicos; el adolescente libra es el epítome de la pereza cuando tiene la oportunidad, pero tiene más que ver con su impulso de hacer algo diferente. Siempre están buscando algo diferente, lo que a menudo les puede poner en apuros. No son tan tenaces como otros signos, pero son más fáciles de dirigir. Un ejemplo clásico de ello es cuando un compañero de clase desea trabajar en una presentación con otra persona para poder librarse ellos mismos de trabajar. El adolescente libra es un fanático de los halagos, y dado que anhelan la amistad y la conversación, a menudo caen en la trampa y terminan haciendo todo el trabajo mientras su astuto compañero de equipo se va en busca de sus propios intereses, y como al adolescente libra no le gustan los conflictos no dirán nada.

Después de todo, el adolescente libra es popular porque es tranquilo, amigable y equilibrado en su enfoque de la vida, cosa que resalta aún más en un momento en el que la vida parece caótica y confusa para muchos adolescentes. Debido a sus habilidades de negociación, se buscará al adolescente libra para resolver disputas y aliviar situaciones difíciles. Son buenos en esto porque harán cualquier cosa para evitar la confrontación. Por lo tanto, si está buscando a alguien que luche a su lado, no es probable que sea un amigo libra. Pero si siente que le han tratado injustamente, el adolescente libra le respaldará. Los adolescentes libra son capaces de hacer un alegato en cuestiones de justicia. Esta es la razón por la que frecuentemente suelen formar parte de los comités escolares. Son lúcidos y pueden resolver disputas y expresar las preocupaciones de los estudiantes a las autoridades escolares.

El adolescente libra probablemente caminará en otra dirección cuando se encuentre con disputas entre otros estudiantes. A menos que les pidan ayuda expresamente para resolver una disputa. Sin embargo, si es un adolescente que lee esto o un padre de un adolescente libra, reconozca que la vida no siempre es tranquila y armoniosa. Enfrentarse a los problemas y a las personas que los crean a veces es necesario. Si es usted libra, ya lo sabe, porque si algo es, es fiel a usted mismo. Tener integridad es importante para usted, sobre todo porque cuando se restablece la paz, se encuentra en su mejor momento.

Lo que los Niños Libra Necesitan para Prosperar

Criar a un bebé puede ser una tarea abrumadora, especialmente cuando se trata de algunos de los rasgos más difíciles inherentes a su hijo. Sin embargo, la mayoría de nosotros salimos adelante cuando éramos niños, y ahora hay muchos más consejos para los nuevos padres. Al estudiar el signo bajo el cual nace su hijo, está adquiriendo algunos conocimientos sobre cómo podría responder su hijo libra en cualquier circunstancia. Hay muchas cosas que los niños necesitan para desarrollarse y prosperar para que, aun siendo pequeños, a veces lleguen a mostrar comportamientos que le hagan admirarlos. A continuación, se muestra una lista de lo que el niño libra necesita para prosperar durante su niñez, pubertad y adolescencia.

• Libra es un signo de aire, por lo que los niños libra son pequeñas criaturas sociales. Esta sociabilidad perdurará a lo largo de sus años de desarrollo si se les anima a expresarse. Se les debe leer desde una edad bastante temprana, ya que es probable que sean hablantes tempranos.

• Su hijo libra será adaptable y no le importarán los cambios repentinos en la rutina si se le explica lo que está sucediendo. El signo de Libra es cardenal, por lo que están más que felices de experimentar cosas nuevas.

• Los adolescentes libra suelen ser jóvenes atractivos que pueden atraer al tipo de amigos equivocados. Es importante reconocer que el adolescente libra puede ser un poco ingenuo, así que asegúrese de que se sienta cómodo hablando de su vida personal con usted y sepa que no lo juzgará. El adolescente libra odia la confrontación, por lo que cuando el amigo inadecuado hace aparición, debe asegurarse de no montar una escena. Es probable que el adolescente libra perciba esto como injusto, por lo que debe tratar con cuidado el tema de los novios o novias inadecuadas.

• Asegúrese de que su hijo libra tenga la oportunidad de participar en actividades en las que haga uso de su creatividad. Fomente las clases de baile para niños y niñas libra. Acérquese a ellos para que se interesen en actividades educativas fuera de las aulas, como pueden ser los paseos por la naturaleza y observar las estrellas. Los jóvenes libra tienen mentes curiosas. Asegúrese de que tengan un estímulo intelectual.

• Tal vez piense que su hijo libra es algo vanidoso, un aspecto no del todo positivo de la personalidad de libra. Eduque a su joven libra para que reconozca que demasiada introspección no siempre es algo bueno. También necesitan que se les enseñe que la belleza no lo es todo. Su hija adolescente, por ejemplo, tal vez esté obsesionada con su peso corporal. Como padre, debe hablar sobre este aspecto de la personalidad de su hija. Dado que un libra siempre está abierto a una evaluación crítica, una discusión adulta sobre cómo esta obsesión no contribuye a una vida tranquila y armoniosa puede ser todo lo que se requiera.

• Los niños libra rara vez se verán en el suelo del supermercado, gritando por los dulces que se les niegan. Son tranquilos y equilibrados. Este rasgo puede ser una carga para ellos a medida que crecen. Los niños inofensivos a menudo se ofenden fácilmente con un comentario inadvertido o un desaire percibido. Tenga cuidado con esto, ya que los niños libra pueden tener problemas en el desarrollo de su autoestima si empiezan a internalizar las críticas de los demás. No son buenos a la hora de lidiar con las críticas, especialmente porque su objetivo en la vida es hacer felices a los demás. Anime a su hijo libra a expresarse abiertamente sobre sus sentimientos. Esto le ayudará a orientarlos en la dirección correcta y eliminar la ansiedad innecesaria.

• Empiece temprano a enseñar a su hijo libra sobre temas de dinero. Incluso de niños, derrochan su dinero en artículos bonitos y llamativos, le aseguran que los necesitan desesperadamente. El dinero les quema en los bolsillos, por lo que los asuntos relacionados con el dinero deben manejarse con cuidado para que el niño desarrolle respeto por el dinero que se le da. Debe dar lecciones sobre dinero a su hijo libra porque a medida que crezca, notará que está más interesado en la belleza del mundo, como una flor fresca o un hermoso cuadro. Siendo sus mentes como mariposas, pasarán de una cosa hermosa a otra. El dinero no es importante para ellos, por lo que es probable que los adolescentes derrochen el dinero que ganan con tanto esfuerzo en sus trabajos a tiempo parcial en música y ropa y se olviden de ahorrar para el futuro.

Capítulo 8: Libra en el Amor

Libra y Aries

El aire y el fuego son elementos poderosos cuando se combinan. Hay chispas, combustión. Esta relación será apasionada e intensa. Por un lado, esta química elemental puede crear un fuego que arde intensamente para siempre. Pero también puede acabar quemándose. Sucede lo mismo tanto si libra es un hombre y aries la mujer, o viceversa. El futuro de esta unión está escrito en las estrellas. Si sobrevive, las diferencias entre sus dos personalidades harán de esta unión la pareja perfecta.

Libra y Tauro

Esta es una unión importante a tener en cuenta. Libra y tauro están buscando a la persona adecuada con quien compartir sus vidas y cuando encuentren a esa persona, el amor crecerá y probablemente será "hasta que la muerte los separe". Ambos signos son tranquilos y ambos luchan por la armonía en sus vidas. Ambos signos están regidos por Venus, por lo que el amor será profundo y duradero. Tauro es terco, por lo que complementa la indecisión de libra.

Ambos buscan instintivamente la tranquilidad en sus vidas, pero tauro puede encontrar la actitud despreocupada de libra hacia la vida un poco irritante, ya que el signo del toro es decidido y firme. Como pareja en el amor, son casi perfectos. Mientras resuelvan sus pequeñas diferencias, no habrá problema. Es más que probable que libra y tauro vivan felices para siempre.

Libra y Géminis

Tanto libra como géminis tienen personalidades intelectuales. Libra (la balanza) es honesto y verdadero, lo que equilibra algunas inseguridades presentes en géminis. La atracción inicial que sentirá libra será por las agudas respuestas de géminis. A libra siempre le seduce el ingenio. Ambos signos tienen personalidades definidas que tienden a no cambiar mucho a lo largo de sus vidas. Uno de estos rasgos de personalidad es su capacidad para ir con la corriente y adaptarse al cambio cuando sea necesario o deseado.

Ambos signos pueden liderar y ninguno muestra mucha preocupación sobre cuál es el líder. Un punto conflictivo en esta unión amorosa podría ser que la indecisión de libra contrasta marcadamente con el rasgo de géminis de no cambiar una decisión una vez que se toma. Sin embargo, la adaptabilidad de libra probablemente anulará este problema, y si permanecen juntos, formarán una pareja formidable que nadie puede separar.

Libra y Cáncer

Cáncer y libra no son muy compatibles a primera vista. Los libra detestan los conflictos, pero son optimistas y les encanta conocer gente nueva, mientras que los cáncer son increíblemente francos y suelen ser malhumorados. Sin embargo, ambos signos están comprometidos con las relaciones a largo plazo y son signos de pensamiento profundo que valoran mucho hacer feliz a su pareja. En cambio, los libra prefieren ignorar lo que sucede, mientras que los cáncer son más directos y prefieren afrontar los problemas de frente. Como signo de agua, cáncer se deja gobernar por su corazón, mientras que libra se rige por su cabeza. Los cáncer siempre necesitan expresar sus emociones y tienen un fuerte deseo de saber que sus necesidades están siendo atendidas, mientras que los libra siempre buscan la calma y la equidad. A los libra no les gusta ver a su pareja infeliz, pero tampoco les gustan las personas que son un tanto dramáticas y que intentan agitar lo que consideran un barco tranquilo. Los cáncer pueden ver a los libra como fríos, sin sentimientos, mientras que los libra pueden ver a los cáncer como necesitados y malhumorados. A menos que estas diferencias se limen al principio de la relación, hay pocas posibilidades de éxito, ya que tanto libra como cáncer son excelentes guardando rencores.

Libra y Leo

Leo y libra suelen sentirse atraídos de inmediato. Ambos signos buscan el amor y el romance. Para los leo, encontrar una pareja romántica es a veces incómodo, ya que tienden a ser un poco inseguros cuando se trata de encender el encanto. Sin embargo, libra tiene suficiente encanto para los dos. Aunque no son tan extrovertidos y sociables como libra, los hombres y mujeres leo tienden a ser más bien tímidos. Libra, al ser astuto y analítico, determinará la diferencia entre ser tímido y distante y guiará la relación por el camino que ambas partes desean. Libra y leo demostrarán abiertamente su afecto mutuo.

Ambos signos adoran que el otro les preste atención, por lo que los vínculos de la relación serán muy seguros. El reto de esta pareja es que ninguno de los dos signos responde bien al conflicto: Libra es indeciso cuando se enfada, y leo es incapaz de contener su ira. Así, un simple conflicto puede convertirse en una guerra "total". Siempre que ambos signos puedan adaptarse y limar sus diferencias, los lazos de amor permanecerán estrechos.

Libra y Virgo

Prácticamente viviendo uno al lado del otro, estos dos signos no pueden fallar cuando deciden unirse en el amor. Son compatibles. Libra es aire y virgo es tierra: el equilibrio perfecto. Sin embargo, hay mucho cielo entre ellos y este es el espacio en el que ocurren las diferencias. Ambos signos odian la confrontación y, por lo tanto, tienden a huir del resentimiento latente en lugar de enfrentarlo. Sin embargo, dado que ninguno de los dos desea seguir discutiendo, las peleas suelen terminar con un beso y una reconciliación y ya ambos están preparados para seguir adelante con sus vidas, barriendo así el desacuerdo debajo de la alfombra. Cuando la tierra y el aire se mezclan, ocurre la magia, especialmente en la cama. Hacer el amor es esencial en esta unión amorosa en la que cada uno sabe lo que quiere el otro.

Sin embargo, ambos signos tienen un comportamiento bastante perezoso a veces, y esto no es bueno para ninguno de ellos. Se puede concluir que, si bien Libra y Virgo se sentirán atraídos el uno por el otro, no siempre sacan lo mejor el uno del otro.

Libra y Libra

No es de extrañar que libra y libra tengan mucho en común y compartan los mismos rasgos de personalidad. ¿Pero esto los hace compatibles en el amor? Bueno, debido a su naturaleza cariñosa y el deseo de hacer felices a quienes los rodean, esta es una buena pareja por amor porque se cuidarán el uno al otro.

Ambos signos tienden a tener rasgos de comportamiento impecables con compatibilidad sexual y aprenderán el uno del otro lo que es esencial para una relación íntima amorosa, cada uno conociendo los límites y los protocolos personales del otro. Charlar hasta altas horas de la madrugada, acurrucado en la cama es uno de los pasatiempos favoritos de libra/libra. Esta unión demostrará un gran amor el uno por el otro y se tendrá en gran estima. ¿Durará esta unión para siempre? Es difícil saberlo con este emparejamiento porque, si bien están hechos el uno para el otro, tienen un factor de riesgo importante que ha de ser resuelto.

Libra debe poder confiar en las personas con las que está. Si eso se rompe, ya sea de forma percibida o real, la relación puede romperse para siempre. Siempre que se puedan resolver los problemas de confianza, esta combinación tiene el potencial de durar para siempre.

Libra y Escorpio

Esta no es una pareja por amor que normalmente funciona bien. Tiene un gran potencial siempre que cada uno esté preparado para hablar de los problemas y esté de acuerdo en estar en desacuerdo. Generalmente, este matrimonio por amor se basa en el respeto más que en la química. Escorpio tiene rasgos de personalidad más individualistas en comparación con el enfoque de la vida más relajado de libra. Pero libra y escorpio pueden ser una pareja formidable: el enfoque equilibrado de la vida de libra complementa los aspectos más inseguros de la personalidad de escorpio. Libra aporta estabilidad a la vida de escorpio y lo que consolida esta relación son sus expresiones de amor mutuo en el dormitorio. Esta unión se compone de grandes amantes, lo que contribuye a una unión duradera.

Fuera del dormitorio, puede ser una historia diferente, ya que ambos signos quieren controlar la forma en que discurren sus vidas. Cada uno puede encontrar al otro demasiado controlador y autoritario. Escorpio es un poco inseguro y esto le hace potencialmente celoso. Libra no tolerará un comportamiento celoso y dominante, por lo que para que la relación funcione, es posible que escorpio deba guiarse por el equilibrio que ofrece libra.

Libra y Sagitario

Las posibilidades de formar una relación duradera son altas cuando esta pareja se une. El emparejamiento entre libra (aire) y sagitario (fuego) es una unión basada en una pasión difícil de extinguir una vez encendida. Estos dos signos tienen mucho en común, pero sus diferencias se equilibran, lo que se adapta tanto a libra como a sagitario. Libra se siente profundamente atraído por los signos que cuidan de los demás y que aman rodearse de personas. Sagitario tiene estos rasgos en abundancia.

El arquero reconoce la necesidad de justicia en el mundo, por lo que vivirá su vida de acuerdo a la balanza de la justicia, haciendo que una relación de amor perdure. Al ser vecinos en la carta del zodíaco, libra y sagitario tienen mucho en común, este último responde bien a la actitud relajada de libra ante la vida. A sagitario le gusta la emoción y es un mini huracán, por lo que tener a libra para calmar el ojo de la tormenta tiene sentido. A sagitario le encanta vivir el momento, puede ser impulsivo e incluso imprudente. Libra no responde bien a esto, ya que desea estabilidad en su relación amorosa.

Sagitario también puede ser irreflexivo en sus críticas, poniendo a prueba el equilibrio de libra. Para empezar, estos dos deben tomarse las cosas con calma antes de comprometerse con una relación a largo plazo. Primero necesitan conocer a su pareja, de lo contrario, podrían tener un viaje lleno de baches.

Libra y Capricornio

Si conoce a un capricornio, o es usted uno, sabrá que las personas nacidas bajo este signo están llenas de energía y empuje. Van directamente a por lo que quieren en el trabajo, el amor y el matrimonio. Libra se enamorará de estos rasgos e invertirá una gran cantidad de tiempo en cultivar la relación. Esto puede no ser correspondido por la cabra que tiende a estar más enfocada en sus propias necesidades.

Sin embargo, una vez en una relación, capricornio probablemente apoyará a su pareja libra, brindándole estabilidad y lealtad. Este emparejamiento tiene una afinidad natural el uno hacia el otro y en público se presentan como dos personas trabajadoras y centradas. Capricornio es un signo sólido que responde a las cosas materiales de la vida. Libra, por otro lado, es estético. Esta diferencia puede causar irritación en esta pareja con capricornio cansándose fácilmente de la forma despreocupada en la que libra va por la vida.

Sexualmente, esta unión funciona bien, y cada signo comprende las necesidades del otro. Un aspecto crítico de esta unión es que ambos signos se preocupan mucho por cómo se ven ellos mismos y cómo podrían verse ante los demás. Esto puede hacer que esta pareja se vuelva distante con el tiempo, dando a cada uno por sentado y centrando su atención en sí mismos o en los demás. Estos dos signos, que no tienen fama de tener éxito a largo plazo, deben trabajar duro para hacer su vida lo más dulce posible, ya que ninguno de los dos tiene el aguante para ello.

Libra y Acuario

Esta unión será constante y verdadera. Ninguno de los signos quiere apresurarse a entablar relaciones y ninguno es impulsivo a la hora de tomar decisiones. Acuario se enamorará de libra por su intelecto y capacidad para tener conversaciones profundas y significativas. Libra se sentirá atraído por acuario por las mismas razones.

Esta relación tiene el potencial para ser una hermosa historia de amor porque ambos signos desearán que así lo sea. Su hogar será artístico y hermoso, su vida amorosa equilibrada y su vida profesional estará bien entrelazada con sus actividades de ocio. Libra y acuario son como piezas de un rompecabezas que encajan. Como en cualquier relación, las cosas no siempre encajan perfectamente, especialmente al principio. Ambos signos pueden sentir que han conocido a su alma gemela, pero la inclinación de libra hacia la indecisión puede ser verdaderamente irritante para acuario, que es más impulsivo y enérgico a la hora de decidir. Los acuarianos son signos ferozmente independientes y no siempre están contentos con el deseo de estabilidad de libra en sus vidas.

Para que esta unión funcione, y vale la pena hacer el esfuerzo, estos inconvenientes deben eliminarse. Cuando finalmente funcione, esta relación perdurará porque la impulsividad de los portadores de agua se equilibra con el cuidadoso equilibrio de la balanza.

Libra y Piscis

Si está buscando una pareja amorosa estable, relajada y fácil, esta es la pareja ideal. A ninguno de los dos le gustan los enfrentamientos y, por eso, evitan los conflictos como la peste. El romance ocupa un lugar destacado en el día a día cuando estos dos signos se encuentran. Ambos apreciarán el amor que sienten el uno por el otro. Es notable que los niños criados por padres libra y piscis sean tranquilos y cariñosos, sea cual sea su signo zodiacal.

Los amantes piscis son leales y derramarán devoción sobre su alma gemela elegida. La confianza es la piedra angular de una relación duradera. Es probable que esta actitud romántica relajada florezca con el paso del tiempo, pero al igual que todas las parejas, siempre hay elementos irritantes que tienen el potencial de hacer estallar la relación. Ambos signos son idealistas, por lo que cuando cualquiera de ellos cae por debajo de las expectativas, comienzan los problemas. La constante indecisión, un rasgo de personalidad fuerte en libra, puede desgastar a Piscis.

Los nacidos bajo el signo de piscis a veces tienden a revolcarse en la autocompasión y este aspecto de su personalidad aumentará cuando se sientan desgastados por la forma alegre en que libra flota por la vida. Para que esta relación prospere, ambos signos deben trabajar duro para reparar las fisuras que seguramente aparecerán cuando se interrumpa el equilibrio. Ambos signos se centrarán más en los desaires percibidos que en el romance que floreció cuando se conocieron. Ambos signos deben generar confianza entre ellos si quieren que su relación perdure.

El Adolescente en el Amor

El adolescente libra, como se vio en un capítulo anterior, es complejo. Por un lado, el adolescente libra es vulnerable y fácilmente influenciable. Pero son indecisos y un poco vagos. Al explorar las primeras relaciones, todos estos rasgos entran en juego. El adolescente libra pasa mucho tiempo pensando en el amor y el sexo opuesto e incluso puede tener una visión muy poco realista de cómo será su primera relación.

Si es usted un adolescente libra que está dando sus primeros pasos en la exploración de las relaciones, debe prevalecer el lado indeciso constante de su naturaleza. Su versión ideal del amor y el romance puede ser difícil de encontrar. Es joven y está a punto de descubrir el mundo de los adultos. Tiene ideas anticuadas sobre la caballerosidad y la lealtad. Por el momento, mantenga estos ideales: ellos le mantendrán a salvo de las personas que quieren aprovecharse de su naturaleza amorosa. A medida que explora nuevas relaciones y experimenta las primeras punzadas del amor, encontrará la vida fascinante. Los paseos por el parque, las hojas de otoño que soplan con la brisa son emocionantes, aférrese a sus pasiones, el paisaje puede ser perfecto, pero la pareja puede no serlo. Use su intelecto y lógica para tomar decisiones basadas en la atracción sexual y el romance.

Relaciones Adultas

Gobernado por Venus, libra nunca es más feliz que cuando está enamorado. A libra le encanta estar en una relación con todo lo que eso conlleva. Cuando libra se enamora, las estrellas brillan más intensamente, el mundo se inunda de color. Conocer a quien creen que es su alma gemela por primera vez en un encuentro queda escrito de manera indeleble en sus corazones. Para el hombre o la mujer libra, conocer un nuevo interés romántico generalmente ocurre en una reunión social como bodas, clubes nocturnos o festivales. Libra puede incluso entablar relaciones en museos o galerías de arte, conociendo a alguien de ideas afines. Cuando libra está buscando posibles parejas, flirteará con las personas que encuentre atractivas, pero de una manera sensual y elegante. Así es como libra usa sus encantos para conseguir a quien quiere.

Si un hombre o una mujer libra encuentra a alguien con quien conecte, rápidamente se enamora. Esto puede sorprender al afortunado destinatario del amor y la atención de libra. Dependiendo del signo bajo el que nacieron, podría significar que los ahuyente, o que se sienten igualmente atraídos y dispuestos a entregarse al amor y la atención que reciben del romántico libra.

Una mujer libra puede ser indecisa, pero desea romance y estimulación intelectual. Si lo consigue, es probable que se adapte a las demandas de su amante. Si es usted una mujer que se enamora de un hombre libra, hay cosas que debe saber para llevar la nueva relación al siguiente nivel. El hombre libra busca el equilibrio en una relación, así que no opte por la apariencia de personalidad estrafalaria de Sandra Bullock. Vaya más hacia el look de Jessica Rabbit inmortalizado por Kathleen Turner en *¿Quién mató a Roger Rabbit?* Libra, un hombre, bien puede tratar de cambiarla para que se adapte a su perfecto ideal de armonía y equilibrio.

No hay duda de que se enamorará del hombre libra, y si esta es su primera historia de amor real, se enamorará a lo grande. Es encantador y atento. Muchos hombres y mujeres libra poseen un encanto carismático, por lo que el primer amor que experimentan dos libra puede proclamar todos los viejos clichés amorosos como "A primera vista supe que él era para mí" o "Nuestras miradas se encontraron en una habitación llena de gente". La lista es interminable, y las experiencias de libra en el primer amor repetirán estos clichés a cualquiera que esté dispuesto a pasar el tiempo suficiente para escuchar.

Libra en el matrimonio / relaciones a largo plazo y cómo sus rasgos influyen en la relación

La tabla de compatibilidad mostrada anteriormente indica, en resumen, qué signos es probable que se conviertan en relaciones duraderas. Si bien aries y libra son un buen emparejamiento en apariencia, es probable que esta pareja no dure, especialmente si se trata de un hombre libra y una mujer aries. Esto se debe a que a los aries les gusta abordar los problemas a medida que surgen, abordando el meollo del problema de inmediato y con contundencia. Libra odia los conflictos, por lo que ambos socios encontrarán estas situaciones, graves o no tan graves, insoportables.

Según sus rasgos de personalidad, los hombres y mujeres libra son buenos compañeros de matrimonio porque evitarán disputas insignificantes y, si bien les gusta liderar y tomar el control de las situaciones, están felices de aceptar lo que su pareja quiera si eso los mantiene felices. Anteriormente en esta guía, aprendió que las parejas libra son leales y muy cariñosas, que derraman amor y afecto en sus parejas si ellos también son leales y cariñosos. Las mujeres libra a menudo se casan con hombres tauro u hombres libra. Es más probable que las combinaciones libra/libra tengan relaciones más duraderas. Las mujeres libra pueden manipular usando su encanto para obtener lo que quieren, y esto amenaza algunos matrimonios, ya que las parejas con características más asertivas como leo y tauro no caerán en esta táctica por mucho tiempo.

Guía Rápida para las Citas con un Libra

- Llegue a tiempo para su cita. A libra no le gusta que le dejen preguntándose si aparecerá o no.

- Vístase siempre de manera apropiada. A libra le gusta la ropa elegante y desaprobará la vestimenta informal en una cita.

- Corteje románticamente a su cita libra. Utilice la estrategia de las flores y el champán. Si esto se sale de su presupuesto, planifique un paseo romántico por el río o un parque. Si es otoño, se enamorará.

- Lleve a su cita libra a lugares inspiradores. Los museos, las galerías de arte y los festivales culturales atraen al intelectual libra.

- Esté preparado para participar en conversaciones profundas y significativas. A la cita de libra le gusta la conversación.

- Cuando intente llevar su relación a otro nivel, enamore a su cita con elegancia. La cita de libra no solo quiere sexo rápido y fácil.

Guía Rápida para Relaciones

• Recuerde conservar las cualidades que primero atrajeron a su pareja hacia usted. Es cariñoso, intelectual, y su deseo de hacer felices a los demás no debe ser influenciado por personas tóxicas o que no se preocupan por usted.

• Esté abierto a los rasgos de personalidad inherentes a su pareja. Pueden chocar con sus rasgos no tan agradables. Por ejemplo, tiende a ser un poco indolente a veces, no permita que una pareja de ideas afines refuerce este aspecto negativo de su carácter, o puede que se aburra con su estilo de vida pasivo y se aburran el uno del otro.

• Sea abierto y honesto acerca de su deseo de armonía y equilibrio. Es algo que a la mayoría de las personas les gusta en sus parejas. Pero también debe demostrarle a su pareja que se adapta fácilmente al cambio. Si bien es posible que tenga miedo de alterar su equilibrio porque sabe que esto lo perturba, hágale saber que está listo para emprender esa aventura o viaje que él o ella siempre quiso hacer, o que está dispuesto a mudarse de casa si su trabajo lo exige.

• No se obsesione acerca de cómo poner las cosas en su hogar, ya que puede ser un algo nefasto para la relación si su pareja no es tan ordenada como usted o no valora los muebles elegantes tanto como usted. A veces no importa si esa figura que su madre le regaló se ve fuera de lugar en el alféizar de la ventana. Sea su generoso yo habitual. Hacer feliz a la gente es su fortaleza.

• No sea indeciso a la hora de decidir si su relación está funcionando o no. Si la relación no funciona, reúna su valor, enfrente el problema y cierre el asunto. Esto puede ser particularmente difícil de hacer para un libra, especialmente si su pareja es amable y considerada. Utilice sus excelentes habilidades de comunicación para terminar la relación. No es su estilo salir corriendo de casa. Enfréntese a sus demonios, afronte la conversación difícil y termine la relación correctamente.

Capítulo 9: El Libra Social

Libra es un ser social, siempre está listo para participar en las conversaciones y es en compañía cuando mejor está. Entonces, ¿cómo es libra como amigo? Este capítulo reúne algunos de los rasgos de carácter expuestos en capítulos anteriores. Para obtener una guía rápida de compatibilidad, vea a continuación cómo libra interactúa con otros signos del zodíaco.

- **Libra/Aries** - Son opuestos astrológicos, pero aries siempre está dispuesto a aguantar a libra cuando le hacen esperar porque no pueden decidir qué ponerse.

- **Libra/Tauro** - A esta pareja le gusta viajar juntos y pasar el rato escuchando música.

- **Libra/Géminis** - Gran compañerismo entre estos signos, siendo ambos buenos conversadores.

- **Libra/Cáncer** - Dos personalidades diferentes, pero el amigo libra siempre apoya las inseguridades del amigo cáncer.

- **Libra/Leo** - Dos personas inmensamente atractivas y glamurosas que comparten muchas actividades al aire libre.

- **Libra/Virgo** - La mente inteligente y las cualidades organizativas del amigo virgo complementan al amigo libra, especialmente aquellas personas en la cúspide, que viven virtualmente en la misma casa, por así decirlo, porque comparten muchos rasgos en común.

• **Libra/Libra** - Esta es una relación amistosa que puede haberse formado en la infancia. Comparten los mismos rasgos y aman todas las cosas elegantes y agraciadas.

• **Libra/Escorpio** - A libra le gusta la actitud despreocupada de su amigo escorpio, ya que complementa la perspectiva más precavida de libra sobre la vida.

• **Libra/Sagitario** - Libra aceptará felizmente las características más estridentes y jocosas porque le resultan divertidas.

• **Libra/Capricornio** - Esta es una amistad bastante difícil, pero disfrutarán viajando juntos a lugares exóticos y viviendo aventuras culturales.

• **Libra/Acuario** - Esta es una amistad en la que libra habla y acuario escucha. Es una amistad basada en el compañerismo.

• **Libra/Piscis** - La intuición de piscis se adapta al temperamento de libra, ya que el amigo piscis siempre está dispuesto a escuchar las ideas de libra.

Libra en las Fiestas

Hay pocos libra que rechazan una invitación para ir a una fiesta, ya sea una noche de chicas, la boda de un familiar o amigo, o una noche en la que sale a dar una vuelta que se acaba convirtiendo en una noche de fiesta. ¿Y qué hay de esas fiestas en las que usted y sus amigos se presentan sin siquiera ser invitados? La forma en que libra interactúa socialmente en las fiestas generalmente se basa en los rasgos de su carácter, tanto positivos como negativos, que ya se han expuesto en capítulos anteriores.

- **Fiestas de Cumpleaños**

¿A quién no le gusta una fiesta de cumpleaños? Bueno, hay algunos, pero no libra, que es Mr. o Miss Sociable. Si es usted libra, conocerá este entorno. Lo primero es lo primero. ¿Qué regalo debería comprar para la fiesta de cumpleaños de su mejor amigo? Oh, decisiones, decisiones. El hombre libra puede ir a la joyería más cercana y elegir un elegante brazalete o reloj. La decisión puede provenir de si se trata de un reloj o una pulsera.

Para la chica libra, es una historia diferente. Qué comprarle a su mejor amigo. Le encantan los adornos originales, pero ¿tiene demasiados? Por otro lado, ¿debería comprarle algo de ropa? La conoce lo suficientemente bien como para elegir algo que le guste. Elegir regalos para amigos y familiares no es uno de los puntos fuertes de libra. Ser indeciso puede significar que compra algo por impulso y reza para que al final todo salga bien.

Luego está qué ponerse. Ha estado considerando esto durante semanas, tal vez meses. No es de los que usan lo mismo dos veces, así que, aunque tiene un armario lleno de ropa, necesita algo especial. Por lo general, sus amigos conocen este dilema al que se enfrenta, por lo que siempre estarán dispuestos a ir de compras con usted. Pero lo hacen con la intención secreta de que se compre algo, lo que sea, con tal de que deje de hablar de ello.

La chica libra es un poco vanidosa, por lo que probablemente será una de las últimas en llegar a la fiesta. Sin embargo, si conoce a una chica libra, sabrá que vendrá elegante y llamativa. A las chicas libra les gusta llevar atuendos impactantes en las fiestas. Las líneas simétricas frías son el aspecto característico de un libra. El blanco y negro es uno de los looks favoritos de libra, que sabe que siempre llamará la atención. Aquellos que puedan sentirse atraídos por las chicas libra pueden encontrarse ante un desafío en un ambiente de fiesta. Será difícil captar la atención de esta chica durante el tiempo suficiente como para expresar su interés.

Las chicas libra en una fiesta se sentirán atraídas por las personas que estén involucradas en conversaciones. Si usted es libra, se identificará con el escenario en el que siempre parece haber una conversación interesante en otra habitación, generalmente la cocina, por lo que a menudo se debate entre bailar y beber y mudarse a la cocina para unirse a la conversación.

Libra, que nunca se encoge, se rodeará de personas dispuestas a charlar, bailar o, en general, adentrarse en las conversaciones de otras personas, invitadas o no. Como la chica libra suele ser la última en llegar a una fiesta, generalmente será la última en irse. Temerosa de perderse alguna conversación interesante, se quedará en la cocina para ayudar con la limpieza. Solo entonces dirigirá su atención al sexo opuesto, uno o dos de los cuales pueden haber estado esperando a que la chica libra saliera a tomar aire. No se dejes engañar por este aire de distracción, porque la chica libra probablemente le ha tenido en la mira toda la noche.

• Bodas

La chica libra es fabulosa en las bodas. Si es amigo o amante, puede confiar en que se comportará impecablemente en una ocasión tan formal. Esperará que su acompañante esté impecablemente vestida al igual que ella misma. Las reglas de compromiso para comprar el regalo de bodas son las mismas que las anteriores. Si es usted libra, conocerá la sensación de alivio cuando la novia o el novio le presente una lista de regalos de boda. Qué ponerse es otra historia. Sin embargo, las amigas de las chicas libra que también están invitadas a la boda saben que ella organizará tardes de compras para que puedan decidir qué ponerse.

Los libra son invitados deseables en las bodas, especialmente si son amigos cercanos de la novia o el novio. Se le pedirá que calme los nervios de la ansiosa estrella del espectáculo. Como libra, es posible que haya experimentado tener que calmar a la novia cuando decide que no ama a su futuro esposo, por lo que la boda está cancelada. Aquí es donde la chica libra entra en juego. Una hábil negociadora y diplomática, la chica libra, puede amansar a la nerviosa novia, hacerla reír con anécdotas divertidas sobre sus aventuras juntas y restaurar por completo la armonía. Los libra disfrutan de las bodas. Les gusta la oportunidad de vestirse elegantemente y les encanta la pompa y la circunstancia.

Los Libra disfrutan particularmente de una boda al aire libre porque apelan al sentido de armonía de libra con la naturaleza. El equilibrio parece adecuado para la ocasión: unir a dos personas en la cúspide de una nueva vida. Rodeado de franjas de flores, música y buenos vinos, ¿qué más podría pedir libra? Compartir ocasiones románticas como esta con otra libra es la manera perfecta de socializar.

• Salir toda la Noche

Desde muy temprana edad, los libra han sido animales sociales. Tendrán un gran círculo de amigos con los que saldrán. Las noches de chicas dentro y fuera de casa son una de las actividades de ocio favoritas para las chicas libra. Por lo general, rodeándose de almas con ideas afines, las chicas libra no están tan interesadas andar por la ciudad en busca de una cita como lo están en socializar con sus amigos. Aunque les gustan las cenas románticas y los eventos elegantes, a libra le gusta compartir su pasión por las conversaciones ingeniosas, las discusiones intelectuales y probar restaurantes elegantes. Pero una chica libra es adaptable, cosa que puede resultar difícil para sus amigos, especialmente aquellos nacidos bajo el signo de cáncer, ya que pueden sentirse incómodos con la inclinación de su amiga libra y su indecisión sobre cómo pasar la noche.

Los amigos de libra no se sorprenderán cuando se cambien los planes en el último minuto o cuando el ambiente se transforme en algo diferente. Incluso teniendo en cuenta que

libra puede haber tardado una eternidad en vestirse
apropiadamente para cenar en un restaurante elegante con
amigos, es muy probable que él o ella sienta el impulso de dejar
el restaurante y unirse a otros amigos en una fiesta de karaoke,
sea su atuendo informal o no. La perspectiva de escuchar música
e incluso cantar ella misma es atractiva para la sociable libra, que
se siente como en casa en grandes grupos de amigos.

Tener un amigo libra puede ser frustrante y desconcertante.
Esta amable, elegante y social libra puede verse envuelta
fácilmente en una situación poco saludable porque se ha sentido
atraída por el encanto de un admirador. Afortunadamente, tiene
amigos leales de todos los signos del zodíaco que están más que
dispuestos a cuidar a la persona que suele cuidarlos.

Los Libra como Amigos

Los libra hacen amigos fácilmente. Si bien algo indeciso al principio,
una vez que libra se siente cómodo con su compañero, la amistad
seguramente surgirá. Los amigos libra también son leales y
probablemente serán los que mantengan viva una amistad. Él o ella
mantendrá la amistad enviando mensajes de texto, manteniéndose en
contacto en las redes sociales y organizando encuentros para reunirse
con amigos. Los libra mantendrán sus preocupaciones para sí mismos
sobre cuánto de la amistad se debe a su compromiso más que al de su
amigo. Siempre luchando por el equilibrio y la armonía, libra se
esforzará por mantener vivas las amistades.

Muchas personas se sienten atraídas por la personalidad de libra.
Libra tiene amigos de todos los ámbitos de la vida y generalmente
perdonará la mayoría de las debilidades de sus amigos cercanos. La
chica libra hará amistades al ser atenta y relajada con los nuevos
conocidos. Se siente atraída por la gracia y la dignidad, por lo que
evitará personalidades más estridentes. Los grupos de amistad a
menudo se forman dentro de las actividades sociales que atraen a
libra, como grupos de senderismo, clases de arte y clubes de lectura.

A libra no le gusta estar sola durante mucho tiempo, por lo que buscará activamente oportunidades para socializar, aunque puede tardar una eternidad en elegir el atuendo adecuado para su viaje de senderismo o festival de música.

Libra hace amigos fácilmente porque es extrovertida por naturaleza y hará que los nuevos conocidos se sientan cómodos. Siempre dispuesta a probar nuevas aventuras, estar con ella será emocionante y será divertido ir a fiestas formales e informales. Si tiene una amiga libra, sabrá que es ella quien le hará vivir nuevas experiencias: recorrer el sendero de los Apalaches o cruzar el país en autocaravana. Es muy probable que gracias a ella conozca una nueva película o la última novela bestseller. Ella solo quiere hacerle feliz. Una vez que se dé cuenta de esto, puede confiar en que su amiga libra estará ahí para usted. Libra es un ser curioso, de mente abierta hasta el extremo, siempre listo para una nueva aventura que conviene emprender con elegancia y estilo.

Al hacer nuevos amigos, libra buscará personas de mente abierta que sean dignos de confianza y reales. Libra odia la superficialidad. Le hace desconfiar, cosa que pone a la gente en guardia. Su intelecto siempre les llega cuando conoce gente por primera vez. Ella sentirá curiosidad por su vida, lo que le gusta y lo que no le gusta, y cuáles son sus valores. Para algunos signos como capricornio, esto puede no gustar. A capricornio, que no es famoso por sus habilidades de conversación, no le gusta este interrogatorio si resulta demasiado intrusivo.

La diplomacia es a menudo una herramienta que usa libra cuando hace nuevos amigos. Son buenos oyentes, aunque les gusta mucho hablar de sí mismos. Pueden ver ambas caras de la moneda, lo que genera conversaciones interesantes. Las personas que conocen a libra por primera vez suelen sentirse atraídas por esta característica porque indica que libra los está escuchando. Por lo tanto, los hombres a menudo se sienten atraídos por las mujeres libra sin saber por qué. La diplomacia también entra en juego cuando libra socializa en grupo.

Quiere que todos estén contentos, por lo que alejará las conversaciones de temas polémicos que puedan crear tensión en el grupo. Una vez más, esta es una característica que atrae a las personas y que facilita que libra entable nuevas amistades.

Cómo Mantener una Amistad Libra

Libra, una mariposa social, siempre se alegra cuando está rodeada de sus amigos. No intente atar a su amiga libra a una amistad exclusiva, ya que esto altera enormemente su equilibrio. Libra puede tener un pequeño círculo de amigos o uno amplio, pero los favorecerá a todos por igual y nunca será feliz cuando un amigo intente interponerse entre ella y sus otros amigos. La búsqueda de libra por la armonía y la justicia garantizará que todos sus amigos sean tratados con respeto y lealtad.

Recuerde que su amiga libra tomará siempre el camino correcto en los debates y en temas que sean importantes para ella. Ella siempre pensará bien las cosas antes de tomar decisiones, y aunque pueda ser irritante para algunos signos, los amigos aries se las arreglan muy bien con este rasgo en su amiga libra. Esta indecisión no es una debilidad, aunque muchos la ven como precisamente eso. Es solo un deseo de garantizar que se haga justicia, y de que ella ha llegado a una conclusión justa.

A libra le encanta debatir, así que, si quiere fomentar su amistad con un libra, recuerde que nunca hay una respuesta simple para un libra y que la probabilidad de que deba sentarse y escuchar una conferencia sobre algo que es de interés para libra es alta. Libra también es generosa con su tiempo, dinero y conocimientos. Él o ella tiene un gran corazón, y si es un amigo, entonces le ve como un amigo digno.

La chica libra acudirá a usted cuando quiera compartir noticias, recetas, ropa y planes. Ella no compartirá a su novio con usted, pero compartirá casi todo lo demás. Este es el talón de Aquiles de libra. A menudo, su generosidad la hace vulnerable a aquellos que se aprovecharían de su naturaleza amable. Así como ella está preparada para luchar en su esquina, usted debe estar preparado para luchar en la suya. Ser amigo de un libra es una experiencia gratificante y probablemente para toda la vida.

Capítulo 10: Libra en el Trabajo

Carreras Profesionales

No hay escasez de profesiones adecuadas para el intelecto y el temperamento de libra. Una mirada a los cambios estacionales y el movimiento de los astros sugiere que el ciclo anual influye en cómo le irá a libra en su viaje profesional. Como siempre, los libra buscan el equilibrio en sus vidas, y comenzar un nuevo trabajo a principios de año tiene mucho sentido para ellos. En algunos aspectos, esta es una respuesta típica porque el año nuevo (1 de enero) sugiere una resolución, y esto es algo de lo que libra va algo justo. La indecisión puede hacer perder muchas oportunidades laborales a libra. Siempre listo para hacer cambios importantes en su vida como un cambio de trabajo, libra querrá aprovechar cada oportunidad para encontrar el equilibrio.

Un nuevo trabajo, una resolución de año nuevo, una nueva oportunidad de hacer nuevos amigos y experimentar algo diferente. Otro aspecto importante de cambiar de trabajo a principios de año es que, si las cosas no van bien, hay muchas oportunidades para encontrar algo más. Enero, febrero y marzo son meses muy productivos y suelen ser los meses en los que las empresas analizan los problemas de personal. Las empresas comienzan a evaluar sus recursos humanos y nuevas firmas empiezan a aparecer con fuerza. Esta es la razón por la que las "startups" se forman alrededor de los primeros tres meses del año nuevo. Como libra, reconoce instintivamente este ciclo de eventos, así que no sea indeciso. Si surge la oportunidad de cambiar de trabajo, siga sus instintos y hágalo.

Abril, mayo y junio deberían ver cómo su trabajo o negocio comienza a echar raíces. Es primavera. Las semillas que plantó en enero ahora deberían estar germinando. Es hora de tomar un descanso y evaluar cómo te ha ido la primera mitad del año. Al ser una persona creativa, es probable que lleve un diario profesional. La primavera es el mejor momento para repasar los últimos seis meses y decidir qué funciona para usted y qué no.

Libra tiene una mente analítica, por lo que probablemente será una parte natural de su vida profesional. Si está en una profesión asistencial, llevar un diario de desarrollo profesional será como una segunda naturaleza. La reflexión es una gran parte del carácter general de libra. Hace que la gente asuma que los libra son indecisos. Reflexionar sobre la primera parte de su año, ya sea en un nuevo trabajo o no, es crucial para el equilibrio de libra. Querrán equilibrar el año y querrán asegurarse de que las decisiones que tomaron a principios de año, por difíciles que hayan sido algunas, den sus frutos. Llevar un diario también le indicará dónde hay oportunidades para mejorar su carrera, ya sea a través de un ascenso o la contratación de más clientes. Por esta época es un buen momento para considerar la ampliación de locales o una reducción de personal. Libra querrá que todos los empleados estén contentos y se sientan seguros, por lo que las evaluaciones periódicas son importantes.

Julio, agosto y septiembre son meses complicados para muchos profesionales libra. Es un período de vacaciones para muchos y la escuela está cerrada durante el verano. Para aquellos en profesiones asistenciales como la medicina o la enfermería, la experiencia de libra difiere de la de los libra en profesiones de enseñanza, por ejemplo. Los espacios abiertos pueden atraer al aventurero libra, pero el trabajo será lo primero para algunos, lo que puede ser frustrante. Justo cuando necesita recargar sus baterías y evaluar su progreso, el período de verano puede ser agotador y estresante, ya que el clima estacional cambia las actitudes de las personas y afecta a los rasgos de carácter.

Para muchos Libra es la temporada tonta en la que abundan las distracciones y sus instintos veraniegos alteran su equilibrio. Este es el momento de reconocer el impacto de su planeta regente y cómo el equinoccio puede afectar la toma de decisiones. Ya sea que su trabajo se intensifique durante estos meses o no, es hora de hacer inventario y aprovechar sus características positivas. Es agotador asegurarse de que su personal/estudiantes (cualquiera que sea el caso) estén logrando sus metas y estén contentos. Para septiembre, haga cosas para sentirse feliz usted también.

Para cuando lleguen octubre, noviembre y diciembre, la mujer y el hombre trabajadores libra se sentirán caritativos. Si las cosas no han ido bien este año, libra verá el lado positivo. Usando sus habilidades lógicas y evaluativas, la generosidad de libra se manifestará al donar a causas locales y organizaciones benéficas. Debido a que libra es un poco indeciso, los profesionales libra buscarán organizar vacaciones para ellos y sus trabajadores. Todos aman a los jefes libra y a los colegas libra en noviembre y diciembre, ya que el bien natural de libra surge para garantizar que la temporada navideña sea feliz para todos. La generosidad de libra nunca es más evidente que en la época navideña, cuando el momento de dar equilibra la balanza y brinda armonía y buena voluntad.

Trayectorias Profesionales de Libra

• **Medicina** - Los médicos hacen el juramento hipocrático de cuidar a las personas y no dañarlas.

• **Psicología** - Comunicadores expertos con mente evaluativa.

• **Arquitectura** - La elección perfecta para libra que aprecia los diseños que cuentan una historia y se mezclan con el medio ambiente.

• **Enfermería** - La profesión asistencial es perfecta para libra.

• **Diseño de Moda**- El buen diseño y el gusto impecable son un rasgo dominante de libra.

• **Ingeniería** - El intelecto y la lógica de libra hacen que la ingeniería sea una elección perfecta.

• **Veterinaria** - La cuestión es cuidar de los demás, ya sean animal o humano.

• **Abogacía** - La diplomacia y un fuerte sentido de la justicia son un símbolo de libra.

• **Ciencias–** La mente curiosa y las habilidades analíticas de libra hacen que las profesiones científicas sean una elección perfecta.

• **Doctorado en Filosofía**- Siempre curioso por el mundo, ya sea religión, política, historia o literatura, esta profesión atrae a muchos libras.

• **Música** - Los libra adoran la música y elegirla como profesión es el sueño de todo libra musical.

• **Docencia** - Nada le gusta más a libra que compartir sus conocimientos y experiencias.

• **Arte** - Ya sea como aficionado o profesional, esta es una opción popular para los libra.

• **Escritura-** La creatividad es una característica dominante de la personalidad de libra, por lo tanto, sea escritor o poeta, libra encuentra su hogar en esta profesión.

8 Profesionales y su Signo

Nombre	Profesión	Fortalezas
Bruce Springsteen	Músico	Dedicación, creatividad
Oscar Wilde	Escritor	Comunicador estético, artístico
Christopher Wren- Arquitecto Británico (1832 – 1723) También astrónomo y anatomista	Arquitecto	Lógico, intelectual, mente curiosa
James Lind - Médico escocés que descubrió que los cítricos curan el escorbuto (1716 – 1794)	Médico	Analítico, bondadoso, curioso
Alfred Nobel – Sueco (1801 - 1872) Inventor de la dinamita– Premio Nobel se entrega en su nombre	Científico	Pasivista, inventor, mente lógica y curiosa.

Ralph Lauren	Diseñador de moda	Artístico, ambicioso, líder, creativo.
Michel Foucault (1926 0 1984)	Filósofo	Curioso, intelectual, trabajador, elegante.
Sunny Hostin (Corresponsal legal de ABC News)	Abogada	Ambiciosa, trabajadora, intelectual, fuerte sentido de la justicia.

Libra en el Trabajo

Como era de esperar, el trabajador libra es tranquilo y trabaja mejor cuando hay armonía en el lugar de trabajo. Su temperamento estable significa que rara vez entrará en discusiones en el trabajo. Tampoco serán arrastrados a disputas laborales a menos que haya un caso claro de injusticia en cuyo caso estarán preparados para liderar una revuelta. En los asuntos cotidianos de la organización, libra no causará problemas. A diferencia de sus colegas cáncer, no romperán a llorar ante la más mínima crítica, pero la sentirán profundamente y rumiarán sobre las críticas en silencio durante un largo período.

Dentro de la propia organización, libra tendrá que asumir puestos en mostradores de atención al cliente o servicio y quejas. Son lúcidos y diplomáticos, por lo que los servicios de quejas de los clientes son buenos roles para los empleados libra. Los libra son buenos recepcionistas y son trabajadores leales a sus jefes. Los libra brillan en trabajos como recepcionistas en consultas médicas y secretarias de citas donde la cabeza fría y la diplomacia son cruciales. Los libra siempre saben lo que deben decir y hacer cuando los ánimos se calientan, por lo que a menudo se confía en ellos para tratar con clientes incómodos o enojados. El libra amigable y cercano puede ser un activo en un entorno de oficina o en un rol en el que representan a la empresa. En puestos de relaciones públicas, son excelentes. Los jefes tienden a reconocer el tacto y la diplomacia de libra cuando lo ven y, por lo general, los usan para organizar eventos y reuniones de negocios con los clientes VIP.

Libra es bipartidista en el trabajo y no favorece a una persona sobre otra. Son abiertos y amigables con todos. Esto los convierte en una apuesta no demasiado buena si alguien está buscando un aliado en el trabajo. El equilibrio forma la base de la personalidad de libra en el lugar de trabajo, y probablemente serán fundamentales para calmar las aguas turbulentas cuando los ánimos se calientan en el trabajo. La mesa de libra estará organizada y embellecida. Estará adornada con artículos personales de buen gusto, con estampados artísticos que recubren las paredes del despacho si el libra tiene un despacho o un espacio de trabajo para ellos solos. Inevitablemente surgirá una comparación interesante con el trabajador leo, que probablemente sea más exagerado con la decoración de la oficina. Tanto a libra como a leo les gusta el lujo, por lo que probablemente compartirán ideas sobre la decoración del hogar y la oficina.

El Empleado Libra

El Libra odia los chismes, por lo que no se lo encontrará cotilleando en la sala de fotocopias o alrededor de la máquina de café. No es tanto que libra no sienta curiosidad por las personas con las que trabaja. Cuando en ocasiones son víctimas de la influencia de un compañero de trabajo chismoso, la sensación de camaradería secreta les atrae. Sin embargo, los chismes hacen que libra se sienta incómodo. Andar por las esquinas hablando sobre otras personas a sus espaldas perturba su equilibrio y no apela a su sentido del juego limpio.

La fortaleza de libra en el lugar de trabajo es su capacidad para organizar eventos. Aquí es donde probablemente encontrará a libra, ocupado organizando reuniones y recolectando donaciones de compañeros de trabajo para pagar los pequeños extras que agregarán estilo y lujo al evento. Libra disfruta del desafío de organizar eventos sociales, en parte porque ellos mismos son animales sociales extrovertidos, pero también porque les permite difundir un poco de felicidad entre la plantilla. También es posible que el indeciso libra deambule por diferentes lugares durante semanas antes del evento simplemente porque no pueden decidir qué lugar podría ser el más apropiado.

Si bien libra es un ser social, se sienten cómodos con su propia compañía cuando trabajan. Sin embargo, desafortunadamente para libra, se distraen fácilmente cuando pasan largos períodos trabajando solos. El teletrabajo no es lo que más atrae a los libra, ya que les gustan los aspectos sociales de la oficina o del lugar de trabajo. Por lo tanto, libra puede ser fácilmente seducido y alejado de su escritorio con promesas de almuerzo con compañeros de trabajo o súplicas de ayuda con los proyectos de otros trabajadores. Este aspecto de la personalidad de libra puede hacer que parezca perezoso porque a veces no cumplen con los plazos porque otras cosas han captado su atención. Sin embargo, en general, es probable que libra trabaje duro para cumplir con los plazos porque un acuerdo es un acuerdo y debe tomarse en serio.

Libra se adapta muy fácilmente a un entorno de trabajo ajetreado. Debido a que son adaptables, es probable que encuentre a libra involucrado en múltiples tareas en diferentes trabajos de oficina. Se sienten como en casa hablando con los clientes y están igualmente felices haciendo recados para compañeros de trabajo ocupados. Donde no encontrará a libra es en la oficina del jefe quejándose. Libra hará la vista gorda ante las pequeñas disputas en la oficina y es probable que no se queje al jefe. En cambio, libra tiende a quedarse pensando en los conflictos e internalizar los desaires percibidos, lo que puede causarle estrés.

A pesar de su deseo de armonía y tranquilidad en su entorno, libra se puede encontrar en la oficina del sindicato si creen que existe algún tipo de injusticia en el lugar de trabajo. El fuerte sentido de la justicia y el juego limpio de libra están por encima de su aversión por la confrontación. Libra puede aparecer en reuniones y manifestaciones del sindicato. Dispuesto a arriesgar el desequilibrio en sus vidas, la naturaleza solidaria de libra pasa a primer plano cuando apoya a quienes enfrentan la injusticia.

A libra también se le puede encontrar en el comedor del lugar de trabajo, no solo para almorzar o tomar un descanso, sino también para estar con los compañeros de trabajo. Los colegas deben distinguir entre los chismes y una conversación estimulante cuando pasan tiempo con libra. Libra es sociable e incluso en el trabajo buscará formas de pasar el tiempo charlando. Aunque este rasgo puede suponer una debilidad. Libra a menudo tendrá que regresar corriendo al trabajo, después de haber sido distraído por amigos o colegas durante el almuerzo.

La gestión del tiempo no es algo en lo que libra sea bueno. Tardará años en prepararse para ir al trabajo porque este signo zodiacal presta especial atención a su apariencia. Tomarse unos minutos extra para mirarse en el espejo cuando ya llegan tarde al trabajo es un gran defecto de libra. Las personas nacidas bajo el signo de la balanza, aunque lucen frescos y alegres, con una actitud despreocupada, pasan bastante tiempo corriendo de un lugar a otro porque llegan tarde.

Desafíos en el Trabajo

La gestión del tiempo no es el único desafío al que se enfrenta libra en el lugar de trabajo. Numerosos obstáculos pueden hacer que la balanza de libra se incline en la dirección incorrecta. Libra es impulsivo. Esto puede causar problemas en las relaciones en el lugar de trabajo, especialmente si libra tiene una función administrativa.

Por ejemplo, el comportamiento impulsivo puede hacer que se apresuren a enviar correos electrónicos sin pensarlo bien primero. Irónicamente, pensar detenidamente es una fortaleza de libra muy apreciada en el lugar de trabajo, pero desafortunadamente, el comportamiento impulsivo también se equilibra con esta fortaleza. Libra es yin y yang, y resulta evidente en la capacidad de libra para ser impulsivo. Puede que decidir basándose en el impulso no sea algo habitual para los libra en el lugar de trabajo, pero fiel a la naturaleza extrovertida de libra, cuando sucede, puede ser desconcertante para todos los involucrados.

La indecisión es un rasgo dominante en el carácter de libra. En un lugar de trabajo ajetreado, ser indeciso puede ser una gran desventaja. Esta incapacidad para tomar decisiones rápidas u oportunas no se basa en la capacidad de libra para actuar rápidamente, sino que tiene más que ver con la necesidad de pensar en cómo una acción podría tener un resultado no deseado para los colegas o la empresa. Los compañeros de trabajo cercanos aceptarán que libra esté indeciso sobre las cosas, pero la paciencia puede ser puesta a prueba cuando se necesita una decisión de inmediato. Libra dudará y esto puede ser preocupante. Libra no se sentirá atraído por trabajos en los que las decisiones descansen sobre sus hombros porque libra no es alguien especialmente lógico. Serán conscientes de que ciertos roles no les convienen, por lo que tienden a aceptar que no serán buenos corredores de bolsa y que nunca podrían verse a sí mismos trabajando en el mercado de valores.

La verborrea de libra es uno de sus atributos más entrañables. Nadie tiene la capacidad de hacer que las personas se sientan cómodas y aceptadas que el sociable libra. Sin embargo, este rasgo puede suponer un gran obstáculo en el lugar de trabajo. A libra le resulta difícil no hablar. Tanto los hombres como las mujeres libra son grandes conversadores y se esforzarán por hablar sobre cualquier cosa que les interese o sobre la que tengan ideas. El tiempo se detiene para los libra cuando están inmersos en una conversación, y esta es una debilidad en un lugar de trabajo ajetreado. Nunca usando dos palabras cuando pueden usar cincuenta, a menudo sus colegas se enfrentan a largos correos electrónicos y conversaciones de las que no pueden salir. La pérdida de tiempo para libra generalmente implica tener demasiadas conversaciones o charlas con colegas.

El aburrimiento es otra de las debilidades de libra. El lugar de trabajo es un entorno obvio para que el aburrimiento haga aparición en la jornada de libra. Ávido de estimulación, libra se distraerá fácilmente cuando se aburre y le resultará fácil dejarse llevar por su propio mundo. A libra le gusta sentirse estimulado la mayor parte del tiempo y buscarán formas de aliviar el aburrimiento en el trabajo. A menudo, escucharán música con auriculares o navegarán por Internet cosa que hace que libra parezca perezoso. En muchos aspectos, se puede decir que una debilidad característica de Libra es la indolencia. De nuevo. Esta es la complejidad de libra y la balanza de equilibrio. Libra es trabajador, creativo y productivo, pero cuando no hay demasiado que estimule su intelecto, se aburren y se vuelven perezosos. Este es un desafío para libra en el entorno laboral, y a menudo se les sorprende perdiendo la concentración y sin concentrarse en el trabajo que tienen entre manos.

Consejos para el Trabajador Libra

Ser capaz de reconocer los rasgos de carácter de uno es un atributo deseable. Cuando reconocemos nuestras fortalezas y debilidades, podemos lograr mejor el éxito en nuestras vidas. Esto es importante en el trabajo porque al desarrollar nuestras fortalezas y abordar nuestras debilidades, nos convertimos en mejores trabajadores y es más probable que nos asciendan o se nos otorgue más responsabilidad y, por lo tanto, más dinero. Las personas de éxito aprovechan sus fortalezas, y los capítulos anteriores han demostrado cómo los nacidos bajo el signo de Libra pueden reconocer sus fortalezas y desarrollarlas. En el trabajo, libra puede fortalecer los aspectos positivos de su carácter al reflexionar sobre sus debilidades y abordarlas. A continuación, se incluyen consejos útiles para mejorar las experiencias laborales de libra y aumentar su nivel de ingresos.

- **Rutina Diaria**

  Libra necesita estabilidad en el lugar de trabajo. Desarrollar una rutina productiva ayudará a libra a tener una sensación de control. Emplee sus habilidades de liderazgo para delegar las tareas tediosas y repetitivas si es posible. El exceso de trabajo o las rutinas desordenadas lo distraerán de su trabajo e inhibirán su creatividad. Levántese temprano para comenzar su rutina diaria de trabajo. Asegúrese de tener suficiente tiempo para prepararse y llegar al trabajo a tiempo. Trate de tener la ropa de trabajo lista la noche anterior para evitar la indecisión sobre qué ponerse si no tiene que usar uniforme. Tome descansos regulares cuando pueda para no distraerse ni aburrirse. La rutina, una vez establecida, le asegurará una vida laboral equilibrada, creativa y productiva.

- **Técnicas de Comunicación**

  Los libra no carecen de habilidades de comunicación, pero estas habilidades deben usarse de manera productiva. Como buen comunicador y oyente, tendrá una ventaja inicial en el perfeccionamiento de estas habilidades. No se distraiga cuando converse con sus colegas. Cíñase al tema y no permita que otros le desvíen de los asuntos que tiene entre manos.

Como libra, las opiniones de otras personas le influyen fácilmente y esto le vuelve indeciso. Manténgase centrado y dedique el tiempo necesario a las conversaciones importantes. Asegúrese de que sus correos electrónicos son concisos. Los demás trabajadores rara vez tienen el tiempo o la energía para leer correos electrónicos largos. Debido a su habilidad natural para escribir, puede dejarse llevar al escribir correos electrónicos o al hablar por teléfono. Para una jornada laboral más productiva, reduzca el tiempo dedicado a largos correos electrónicos y conversaciones extensas.

• Espacios Creativos

Utilice sus instintos creativos en el lugar de trabajo. Evalúe cómo las aplicaciones creativas pueden mejorar su entorno y hacer que el entorno de trabajo sea más agradable para usted y sus compañeros de trabajo. Cuando trabaje en proyectos, deje que sus instintos creativos naturales pasen a primer plano. Muchos libra trabajan en industrias creativas, por lo que su pasión por el arte y la escritura o la música se puede aprovechar al máximo.

En un entorno donde falta la creatividad, piense en cómo puede mejorar su espacio. Si comparte espacio con otras personas, analice cómo puede aportar un poco más de armonía y belleza a su entorno. Esto se puede hacer deshaciéndose de los elementos desechados que abarrotan el espacio de trabajo y reemplazándolo con objetos clásicos más atractivos, agradables a la vista y que apelen a su sentido del equilibrio. Los trabajadores libra son famosos por aportar un poco de tranquilidad a los entornos de trabajo caóticos.

Capítulo 11: ¿Qué Necesita un Libra para Vivir una Vida Satisfactoria?

A lo largo de esta guía, se le ha presentado el mundo de libra y sus características. Al reunir todos los rasgos de libra, este capítulo analiza lo que libra necesita para ser feliz y productivo.

- **Romance**

En la vida de todo libra debe haber espacio para un poco de ternura y romance. Las mujeres y los hombres libra prosperan cuando son amados y admirados. Libra necesita saber que es amado y apreciado. Por lo tanto, la mujer libra necesita un compañero que la colme de atención y para el cual ella lo signifique todo. La mujer libra crecerá en confianza cuando se sienta segura y feliz.

Libra encontrará romance no solo en una pareja amorosa, sino también en los libros que lee, en la música que escucha y en las ciudades que visita. Como dice el refrán, el amor está en todas partes y libra lo sabe. Para aquellas personas que conocen y aman a libra, nunca subestime su necesidad de atención. Lo que libra necesita después de un duro día de trabajo es una conversación estimulante, un beso amoroso y tal vez diversión romántica en el dormitorio.

Los amigos son una parte importante del romance que libra necesita. Ver películas románticas juntos, pasear por lugares románticos, puede que haciendo fotografías o simplemente ver la puesta de sol. Para libra, los amigos son tan importantes como los amantes a la hora de llevar belleza e inspiración a su órbita. Con Venus como el planeta regente de libra, el amor y el afecto se extienden a amigos, familiares y amantes.

• Estabilidad

Libra nació bajo el signo de la balanza y la estabilidad es una necesidad importante. Cuando la balanza está equilibrada y todo está ponderado de manera uniforme, libra está asentado y tranquilo. Libra buscará estabilidad en las relaciones y en el lugar de trabajo. Incapaz de lidiar con la confrontación, libra se alejará de relaciones volátiles. El conflicto no forma parte de su composición. Incluso de niños, libra requerirá orden y estabilidad y no aceptará las palabras duras con amabilidad. En el mundo de libra, todas las cosas son iguales, o deberían serlo.

Si es amigo de libra, debe ser un amigo estable y no tener muchos altibajos. Libra necesita saber que puede confiar en usted cuando necesite su apoyo. Muchos Libra tienen amigos que conocen desde la infancia y son a ellos a quienes acudirán en busca de compañía. Las amistades estables contribuyen al equilibrio de libra. Como amigo de libra, sabe que no esperará que esté a su entera disposición. Son seres independientes y quieren que usted también lo sea. Sin embargo, esperan que sea estable en su amistad.

Si es un amante de libra, él o ella está buscando un estilo de vida estable a largo plazo. La estabilidad para libra significa que sabe dónde se encuentra y qué se espera de ella. Ella también entiende que sus caprichos y fantasías indecisos son parte de su maquillaje, y no quiere que la cambien por algo que usted quiere en lugar de lo que ella quiere.

• Aventura

Libra siempre busca aventuras. Impulsiva e intuitiva, Libra reconoce la necesidad de sacudirse el polvo y ver el mundo. Libra no es de los que se quedan en casa. El aire libre atrae tanto a hombres como a mujeres libra. Como signo de aire, libra siente un gran amor por la belleza del aire libre. Los libra deben tener la libertad de deambular, conocer nuevos amigos y conocer nuevos lugares.

Libra tiene un gran sentido de la aventura, ya sea en países lejanos o en su propio jardín. La necesidad de explorar tampoco se relaciona solo con el mundo físico. Libra también necesita explorar el mundo abstracto. Tanto las mujeres como los hombres libra tienen mentes curiosas que disfrutan explorando la filosofía y la literatura. Caminar por un museo puede brindar información fascinante sobre las aventuras del pasado. Libra necesita de estímulo para prosperar y aprovechar al máximo su mundo. Explorar las relaciones también es una aventura, y otros signos se sienten atraídos por libra simplemente porque pueden ver la luz de la curiosidad en sus ojos cuando se les presenta por primera vez. Conocer a un Libra es ser introducido a muchas aventuras de la mente, el alma y el mundo natural. Está muy claro para aquellos que conocen a Libra que necesitan estar inspirados y necesitan ser estimulados.

Si tiene un hijo libra, ya sabrá que su pequeño libra querrá explorar el mundo que lo rodea. ¿Qué aventuras hay más allá de la puerta de la despensa, quién vive en el manzano del jardín y de dónde vienen los zapatos? Estas preguntas son pintorescas y, a menudo, divertidas. Incluso pueden ser un poco irritantes, con la palabra por qué constantemente en los labios del niño libra. Esta curiosidad debe alimentarse porque el adulto libra seguirá viendo la vida como una aventura, para ser explorada y cuestionada.

• Amistad

Al igual que con otros signos del zodíaco, sin amistad, libra no prosperará. Necesitan compañía como un pez necesita agua. Si bien pueden pasar tiempo solos y hacerlo a menudo mientras se sumergen en actividades como el arte, la literatura y la música, compartir experiencias de vida con amigos es una alegría particular para libra. La amistad ocupa un lugar especial en la vida de un libra. Esto se debe a que Venus influye en la forma en que libra percibe el compañerismo. El amor se experimenta cuando se ama a un amigo o una pareja íntima. La vida se refleja a través de los ojos de un amigo o amante especial. Libra mantendrá amistades durante la mayor parte de sus vidas y esto nutre sus almas.

Si tiene un amigo libra, sabrá que será incluido en sus vidas, pero lo que puede ser un poco desconcertante es que libra, aunque valora mucho la amistad, es probable que trate a todos sus amigos por igual y no favorezca a unos por encima de otros.

Si es su mejor amigo, habrá conocido a libra desde hace mucho tiempo, y una ruptura de la confianza entre ustedes sería devastadora para ambos. Las amistades pueden ser algo natural y normal en la vida de la mayoría de las personas, pero para algunas, la amistad no es una prioridad: la familia puede ser lo primero o una persona puede preferir su propia compañía. El mundo no se acaba porque tenga pocos amigos, si es que tiene alguno. Este no es el caso de libra. Los amigos enriquecen la vida de libra y, sin ellos, no se sentirán satisfechos.

• Lealtad

La astrología nos informa de que los libra son ferozmente leales. No hay nada superficial en la lealtad de libra, y necesitan lealtad a cambio. Libra requiere confirmación de que tiene su lealtad y espera compromiso porque si invierten su tiempo, energía y amor en usted, esperan que se devuelva en la misma medida. Así es como libra equilibra la balanza. Libra siempre luchará a su lado y nunca traicionará su confianza. Por mucho que libra sea un ser social y le encante estar cerca de otras personas, una vez que se han comprometido con usted, es para siempre.

No es probable que libra se aleje de una relación y no esperan menos de su pareja. La naturaleza coqueta de libra puede ser, y a menudo es percibida como una deslealtad por las parejas celosas. Este no es el caso. Tanto los hombres como las mujeres libra tienen una sensualidad inadvertida que es parte de su encanto.

No son personas egoístas y les encanta ser queridas y admiradas, pero su lealtad hacia sus amigos y su pareja es indiscutible. Libra tiene un gran corazón y la lealtad es una gran parte de cómo libra ama. Cuando los libra son traicionados, es devastador, y tardan mucho en recuperar su equilibrio, por lo que ellos nunca lo hacen. Vaya con cuidado con libra, ya que se le hiere fácilmente. Una vez en una relación segura, libra será una pareja leal y hará un esfuerzo adicional para asegurarse de que sean felices. En algunos aspectos, es fácil ser leal a libra debido a su disposición alegre y su naturaleza amorosa.

Conclusión

Lista de control

- Libra nació bajo el signo de la balanza, lo que significa que cree en la justicia y la igualdad y utilizará su destreza intelectual para luchar por la justicia en la sociedad. Su elemento es el aire y su planeta regente es Venus. La piedra preciosa que representa su nacimiento es el Ópalo. Los rasgos más comunes de libra son la honestidad, la justicia, el amor por la belleza y el deseo de elegancia y estilo en su vida cotidiana.

- Debido a su naturaleza tranquila, libra se lleva bien con la mayoría de los signos del zodíaco, pero será más compatible con géminis y acuario.

- Libra se lleva bien con los compañeros de trabajo, pero es muy parlanchín, y a menudo tiene problemas con los plazos de entrega.

- Libra es un amante de las fiestas y un gran conversador. La mujer libra a menudo llega tarde a las fiestas, ya que es vanidosa y pasa demasiado tiempo frente al espejo preparándose.

- La casa de libra suele estar bien organizada y es estéticamente agradable. A libra le gusta decorar y le encantan el lujo y el estilo. Los muebles de libra se colocarán cuidadosamente para lograr el equilibrio y la armonía.

- Fortalezas de libra: elegancia innata, naturaleza romántica, adaptabilidad, gusto estético, su adhesión a la equidad y la justicia, la diplomacia y la lealtad. Estas fortalezas hacen de libra un amigo ideal, un colega de trabajo y una pareja íntima.

- Debilidades de libra: Vacilante e indeciso, temeroso de ofender a la gente, inadvertidamente seductor, narcisista y de voluntad débil. Los amigos, familiares y compañeros de trabajo encontrarán frustrantes estas debilidades y, a menudo, perderán la paciencia.

- La mujer libra es cariñosa, vulnerable y fácilmente influenciable. Su elegancia y estilo innatos la hacen atractiva tanto para hombres como para mujeres. Las mujeres libra tendrán una profesión creativa o un trabajo intelectual que requiera diplomacia.

- El hombre libra es un gran partido para cualquier mujer. Es encantador, reflexivo y romántico. Espere las flores y el champán en la primera cita y un esposo y padre devoto a largo plazo.

- El niño libra es sociable y conversador, pero odia que lo dejen solo para jugar. El niño libra empezará a hablar pronto y disfruta leyendo y dibujando.

- Libra enamorado es un regalo de los dioses. Dedicarán su vida a hacerle feliz. Son leales y están comprometidos con una relación estable.

- Libra es extrovertido, por lo que disfruta de las fiestas y las reuniones. No importa cuál sea la ocasión de la fiesta, libra será sociable y los invitados a la fiesta gravitarán naturalmente hacia ellos.

• Las profesiones adecuadas para hombres y mujeres libra incluyen medicina, ciencia, literatura, música, filosofía y abogacía. Muchos personajes famosos confirman la característica creatividad, diplomacia y liderazgo de libra.

• Libra necesita ser necesitado. Tanto los hombres como las mujeres libra prosperan con el amor y la atención. El amor es la piedra angular del temperamento de libra. Son de gran corazón y se pasan la vida haciendo felices a otras personas.

Vea más libros escritos por Mari Silva

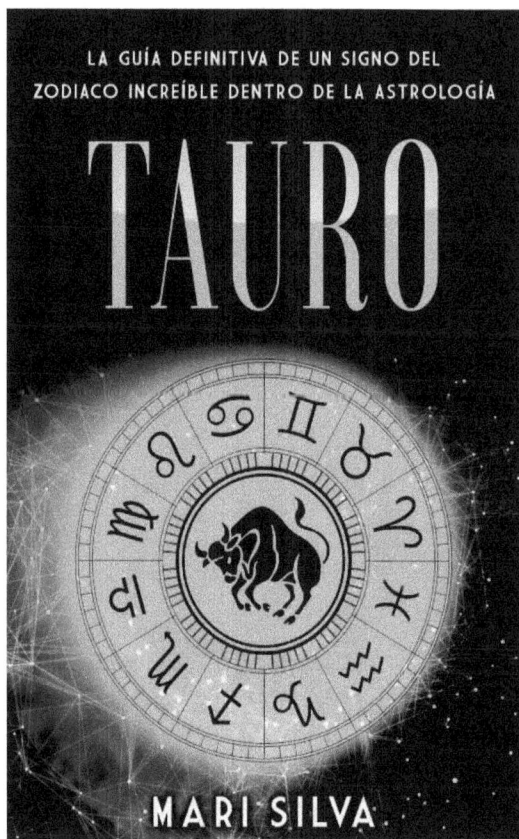

LA GUÍA DEFINITIVA DE UN SIGNO DEL
ZODIACO INCREÍBLE DENTRO DE LA ASTROLOGÍA

TAURO

MARI SILVA

Referencias

Ancillette, M. 2020. "9 Best Healing Crystals for Libra's" https://angelgrotto.com/crystals-stones/libra/

Astrology. 2020. "Libra Compatibility" https://www.astrology-zodiac-signs.com/compatibility/libra/

Astrostyle. 2020. "Libra Symbol" https://astrostyle.com/libra-symbol/

Baird, C. 2013. "Science Questions with Surprising Answers" https://wtamu.edu/~cbaird/sq/2013/03/23/how-does-astrology-work/

Building Beautiful Souls. 2020. https://www.buildingbeautifulsouls.com/zodiac-signs/zodiac-signs-kids/libra-child-traits-characteristics-personality/

Café Astrology. 2020. "The Libra Woman" https://cafeastrology.com/articles/librawomanlove.html

Chatterjee, D. 2020. "5Best hobbies for the people of Libra zodiac sign" https://www.pinkvilla.com/lifestyle/people/5-best-hobbies-people-libra-zodiac-sign-556832

Fellizer, k. 2019. "This is How Long Each Zodiac Sign Takes to Fall in Love" https://www.bustle.com/p/how-long-it-takes-for-each-zodiac-sign-to-fall-in-love-19278018

Hall, M. 2020. "Teen Libra of the Zodiac" https://www.liveabout.com/libra-for-teens-zodiac-signs-206285#:~:text=If%20you're%20a%20Libra,one%20BFF%20or%20a%20crush.&text=Libra%20is%20ruled%20by%20Venus,for%20the%20art%20of%20love.

Hall, M. 2019 "The Libra Man and Love" https://www.liveabout.com/what-does-a-libra-man-want-

206847#:~:text=A%20Libra%20man%20is%20attracted,honesty%20will%20win%20
his%20heart.

Infinite Horoscopes. 2020. "What is my Libra Business Horoscope?
https://infinitehoroscopes.com/index.php/2019/07/10/are-libra-zodiac-signs-meant-
to-be-poor/

Internet Encyclopaedia of Philosophy. 2020. https://iep.utm.edu/a-taste/

Kids' Spot. 2020. https://www.kidspot.com.au/parenting/parenthood/parenting-
style/raising-a-libra-baby-find-out-the-traits-and-challenges-you-may-face/news-
story/b32ab960c1d92c3d5ba28b10ad943c45

Labyrinthos. 2018. "Astrology Planets and their meanings, Planet Symbols and
Cheat Sheet"

https://labyrinthos.co/blogs/astrology-horoscope-zodiac-signs/astrology-planets-and-
their-meanings-planet-symbols-and-cheat-sheet

Lantz. P. 2020. "Tips for Dating a Libra Man"
https://horoscopes.lovetoknow.com/astrology-signs-personality/tips-dating-libra-man

Mom.365. 2020. "8 Things to Know About Your Libra Child"
http://www.mom365.com/mom/astrology/all-about-your-libra-childs-astrology

Nelson, J. 2019. "Everything You Need To Know About the Libra In Your Life"
https://thoughtcatalog.com/january-nelson/2016/05/everything-you-need-to-know-
about-the-libra-in-your-life/

Power of Positivity. 2020. https://www.powerofpositivity.com/libras-considered-
committed-partner-
zodiac/#:~:text=1.,Libras%20are%20intensely%20loyal.&text=When%20you%20get
%20into%20a,betray%20you%20for%20any%20reason.

Ratay, E. 2016" 5 Reasons Why a Libra is the Best Friend You Never Knew You
Needed" https://www.yourtango.com/2016295845/5-reasons-libra-best-friendship-
you-need-zodiac-astrology

The Rebel Coach. 2016. "Libra New Moon: Lazy Libra"
https://rebelastrology.net/rebel-astrology/2016/9/30/libra-new-moon-lazy-libra

Rose, A. 2019. "How to Date a Libra" https://thoughtcatalog.com/almie-
rose/2014/07/how-to-date-a-libra/

SathyaNarayanan. 2019. "Lucky Gemstonesfor Libra"

https://timesofindia.indiatimes.com/astrology/gemstones/lucky-gemstones-for-
libra/articleshow/68205029.cms

Starlight Astrology (2020) "Libra" https://www.starlightastrology.com/libra-venus.htm

Stars Like You. 2020. https://www.starslikeyou.com.au/zodiac-strengths-your-libra-personality/

Tarot.com.2020. "Libra Friendship, Compatibility: The Great Counselor"

https://www.tarot.com/astrology/compatibility/friends/libra#aries

The Famous People Guide. 2020.
https://www.thefamouspeople.com/profiles/oscar-wilde-63.php

Villafane, C. 2020. "The Hobby He secretly wishes she Had Based on His Sign"
https://www.thetalko.com/the-hobby-he-secretly-wishes-she-had-based-on-his-sign/

We Mystic. 2020. "The Dark Side of Libra: How to Deal with Narcissism"
https://www.wemystic.com/the-dark-side-of-libra/

Your Zodiac Sign. 2020. "Libra Personality"
https://www.yourzodiacsign.com/libra/personality/